KB134982

리걸플러스⁺140

고대법의 기원

함무라비 법전

THE CODE OF HAMMURABI

리걸플러스+ 140

고대법의 기원

함무라비 법전

THE CODE OF HAMMURABI

윤일구 지음

■ 머리말

　필자가 함무라비 법전에 대하여 알게 된 것은 대학에서 서양법제
사라는 과목을 담당하게 되고 이에 관한 자료를 수집하면서부터이
다. 당시 국내에는 본격적으로 함무라비 법전에 대하여 다루고 있는
서적은 거의 없었던 관계로 외국의 문헌에 의지할 수밖에 없었다.
　그러나 기원전 1750년에 만들어진 함무라비 법전의 설형문자를
번역해놓은 외국의 문헌도 각 학자마다 해석이 다른 부분이 상당히
많았던 관계로 그 구체적이고 정확한 내용을 파악하기 어려웠다. 그
러던 중 아예 외국문헌을 종합하고 비교·분석하여 가장 합리적이
고 논리적이며 체계적인 해석을 하는 것이 의미 있는 것이라는 생각
이 들어 이러한 작업을 시작하였고 미흡하지만 한 권의 책으로 결실
을 보게 되었다.
　함무라비 법전은 그 원형이 현재까지 전해지는 최초의 성문법이
라고 할 수 있다. 통상 함무라비 법전을 이야기할 때, 빼놓을 수 없
는 것이 바로 Lex Talionis이다. 하지만 이보다 중요한 것은 함무라비
대왕이 자신의 백성들을 얼마나 생각하고 배려했는지를 법을 통해
서 알 수 있다는 점이다. 즉 이러한 사상은 사회적·경제적 소외계
층과 여성 및 아이들을 배려하는 여러 규정에 반영되어 있다. 또한
함무라비 법전은 공법과 사법을 아우르는 종합법전이며, 282개의 비
교적 상세한 규정으로 이루어져 있다.

법이란 그 법이 제정될 당시의 정치적·경제적·사회적·문화적 상황을 반영한다. 따라서 함무라비 법전의 규정을 살펴봄으로써 본 법이 제정될 당시 메소포타미아 지방의 삶을 살펴볼 수 있다는 것도 하나의 즐거움이 될 것으로 생각된다.

　우리가 이러한 고대법의 기원이라고 볼 수 있는 함무라비 법전을 살펴보면서, 단지 과거의 삶이 어땠는지를 아는 것도 중요하지만 이를 통해 현실을 이해하고 또한 미래를 예측할 수 있다는 것을 간과해서는 안 될 것이다. 따라서 본서에서는 단지 과거의 법만 기술한 것이 아니라 현행 우리 법과의 비교를 통해 공통점과 차이점을 파악할 수 있도록 노력하였다. 아무쪼록 많이 부족하지만 본서를 통해 고대법 및 법제사에 관심이 있는 독자들에게 조금이나마 도움이 되었으면 좋겠다.

　마지막으로 이 책이 나올 수 있도록 지혜를 허락하신 하나님의 은혜에 감사드리며, 원서의 번역과 책의 원고를 준비하느라 여름방학 동안 시간을 함께하지 못한 콩이에게 미안한 마음을 책으로 대신한다. 또한 출판을 수락해주신 한국학술정보(주) 관계자분들과 감수를 해준 나의 벗 종명에게도 감사의 말씀을 전한다.

2015.9.30.

윤일구

CONTENTS

제1장 법제사

1. 법제사(法制史)란

법제사는 영어식 표현으로 Legal history라고 하며, 문언 그대로 법학과 역사학의 두 영역을 연구의 대상으로 하는 학문이라고 할 수 있다. 일반적으로 법제사를 법사학(法史學)으로 표현하기도 한다. 인간은 사회를 구성하고 그 사회를 유지하기 위한 여러 수단 중 하나인 법(法)을 만들었다. 따라서 인류의 역사는 법과 함께 발전해왔다고 하여도 과언이 아니다. 이러한 법제사를 연구하면서 당시의 사회구성원들의 생활이나 가치관을 이해하고 이를 현 시대에 적용함으로써 궁극적으로 미래를 예측할 수 있게 된다. 요컨대 법제사란 인간생활을 법적인 측면에서 사실적·역사적으로 고찰하는 학문이며, 이를 통해 현재의 법체계와 그 법에 흐르고 있는 법사상을 입체적이고 동적으로 이행하여 미래의 법을 예견하게 해주는 기능을 한다고 할 수 있다.

2. 법제사의 연구분야

법제사에 대한 개념에서 알 수 있듯이, 법제사의 연구분야는 매우 다양하다.

(1) 헌정(憲政)에 대한 연구

법제사의 연구대상인 헌정에 대한 연구를 통해, 당시의 통치형태와 그 역사를 파악할 수 있다. 예컨대 현대국가에서는 입헌제와 군주제 그리고 대통령제와 내각제 등과 같은 통치형태가 존재하지만 과거에는 이와 다른 형태의 통치형태가 다수 존재하였다. 따라서 통치형태라는 것은 몇 가지 유형에 따라 엄격하게 분리가 되는 것이 아니라 그 민족의 역사, 문화, 전통에 따라 다양하게 나타나는 것으로 파악될 수 있다.

(2) 경제 및 사회질서에 대한 연구

법은 제정 당시 사회구성원들의 경제적 생활관계 및 사회질서를 반영하고 있으므로, 이에 대한 연구는 간접적으로 그들의 생활을 엿볼 수 있는 기회를 제공한다. 특히 원시적인 자급자족의 시대를 넘어서 국가의 체계가 확립되면 경제는 법적인 규제의 대상이 되고, 이에 대한 다양한 법규가 출현하게 된다. 또한 법제사에 대한 연구를 통해 당시 사회적 문제를 이해할 수 있는 기회를 갖게 된다. 법은 항상 사회적 문제를 해결하기 위해 다양한 대안을 제시하고 반영하기 때문이다.

(3) 사법(司法)제도에 대한 연구

일반적으로 법은 권리와 의무를 규정한 실체법(實體法)과 침해당한 권리를 구제하기 위한 절차법(節次法)으로 양분된다. 현대의 법은 이러한 구분이 명확하게 이루어지고 있지만, 법제사에서 우리가 만나게 되는 법은 그렇지 않다. 따라서 실체법적인 권리와 의무에 대한 연구뿐만 아니라 위법한 행위를 통해 발생한 손해를 제거하기 위한 다양한 사법절차도 법제사의 연구대상이 된다.

(4) 형벌제도에 대한 연구

현대의 법제에서 형벌을 규정하는 대표적인 법은 형법(刑法)인데, 사회구성원의 권리 침해적인 요소가 많으므로 죄형법정주의에 의해 규율되고 있다. 그 결과 범죄에 대한 형벌에 대하여도 명확하게 형법전에 명시되어 있다.[1] 인권 보호 측면에서 형벌은 잔혹성과 과잉성이 배제되고 있지만 과거에는 자신의 귀책사유가 없는 경우에도 형벌을 받는 경우가 비일비재하였다. 따라서 사회구성원의 권리의식의 향상과 국가권력의 변화를 법제사적인 측면에서 고찰하는 것이 가능하다.

(5) 법사상에 대한 연구

법제사는 법사상에 대한 연구를 그 대상으로 한다. 법은 단순한 제도에 그치지 않고 어떤 이념을 내포하고 있다. 그러므로 법제사는 법철학, 법사상을 연구의 대상으로 한다. 예컨대 영국의 철학자이자 법률가인 벤담(Jeremy Bentham)이 1971년에 설계한 팬옵티콘(panopticon)을 보면 그의 공리주의적인 성향을 알 수 있다.[2]

---

1) 우리 형법 제41조는 형의 종류로서 9개(사형, 징역, 금고, 자격상실, 자격정지, 벌금, 구류, 과료, 몰수)를 규정하고 있다. 과거 조선시대에 형벌을 규정한 대명률(大明律)에는 사형, 유형, 도형, 장형, 태형의 총 5개의 형벌이 규정되어 있었다.

3. 법제사와 사관(史觀)

사관이란 역사를 해석하고 설명하는 관점을 의미하며, 간단하게 역사를 보는 방법 내지는 눈이라고 할 수 있다. 그러므로 사관은 역사를 바라보는 사람마다 다를 수밖에 없다. 그러므로 법제사의 연구에 있어서 어떤 사관을 갖고 있는가에 따라 동일한 사안에 대해서도 다른 가치판단이 내려질 수 있는 것이다. 이하에서는 몇 가지 사관의 유형에 대하여 설명한다.

(1) 순환론적 사관

역사라는 것은 규칙성 또는 법칙성이 있기 때문에 일회적이 아니라 수레바퀴처럼 반복된다는 견해이다. 즉 역사는 발생-성장-쇠퇴-몰락의 과정을 반복한다는 다소 비관론적인 사관으로 독일의 사상가인 슈펭글러(Spengler)가 주장하였다.

(2) 변증법적 사관

변증법적 사관은 역사를 정신과 이념의 작용의 발전과정으로 파악한다. 또한 변증법적 사관은 관념사관이라고 하는데, 이는 유물사관과 반대되는 개념으로 파악된다. 변증법적 사관을 주장한 대표적인 철학자는 독일의 헤겔(Hegel)이다.

---

2) 팬옵티콘(panopticon)은 벤담이 효과적으로 죄수들을 감시하기 위해 고안한 원형감옥으로, 이 감옥은 중앙의 원형공간에 높은 감시탑을 세우고, 중앙 감시탑 바깥의 원 둘레를 따라 죄수들의 방을 만들도록 설계되었다. 그리고 감시탑은 어둡게 하고 죄수방은 밝게 하여 감시자의 시선이 어디로 향하는지를 죄수들이 알 수 없도록 하였다.

(3) 유물사관

물질적 역사관이라고 불리는 유물사관은 역사를 움직이는 힘은 경제력·생산력이라고 이해한다. 즉 사회구성의 토대는 인간의 의식과는 무관하며 생산력의 수준에 따르는 생산관계이고 정치·법·철학·예술·종교 등은 생산관계에 의해 기본적으로 내부에서 끊임없이 발전하는 생산력에 의해 변화한다고 이해한다. 따라서 상부에 있는 정치·법 등이 하부의 경제력·생산력의 발전에 큰 장애가 된다면 이를 계급투쟁을 통해 변화시키는 것이 역사라고 보는 견해이다. 이는 독일의 학자인 마르크스(Marx)의 사상에서 나온다.

(4) 문명사관

역사를 문명의 단위로 파악한 다음 이를 유기체로 보아, 발생 – 성장 – 노쇠 – 사멸의 과정을 거친다고 이해한다. 그리고 문명발생의 계기를 도전과 응전으로 파악하면서 다소 비관적인 순환론적 사관을 다른 관점에서 이해하는 사관이다. 이는 영국의 역사가인 토인비(Toynbee)가 주장하였다.

(5) 식민사관·민족사관

일제강점기에 등장한 우리나라의 사관으로는 식민사관과 민족사관이 있다. 식민사관은 일제의 한국 식민 지배를 정당화하는 역사관을 말하며, 그 주된 내용으로는 한민족은 역사적으로 다른 나라에 지배되어 왔고 스스로 자립할 능력이 없는 정체된 민족으로 부각시키는 사관이다.3) 반면 민족사관은 이러한 식민사관에 대항하여 한민족의 우수성과 주체적인 발전을 강조하는 사관이다.

---

3) 내선일체론(內鮮一體論), 일선동조론(日鮮同祖論), 정체성론(停滯性論), 타율성론(他律性論) 등의 그 예이다.

제2장 함무라비 법전

제1편 함무라비 법전의 개관

1. 함무라비 법전의 의의

함무라비 법전(The code of Hammurabi)은 기원전 1754년 메소포타미아 지역의 고대 바빌로니아 제국의 법으로 현재까지 잘 보전된 상태로 전해져온다. 이 법의 일부는 여러 점토판의 발견을 통해 알려지기 시작했으며, 1901년 고고학자인 자크 드 모르강(Jacques de Morgan)이 고대 도시 수사(Susa)에서 함무라비 법전 전체의 내용이 조각된 석주를 발견하였다. 그리고 1902년 장 빈센트 셸리(Jean-Vincent Scheil)에 의해 번역된 초판이 출판되었다.

함무라비 법전은 동로마 황제인 유스티니아누스가 제정한 로마시민법대전(533년), 나폴레옹이 제정한 프랑스민법전(1804년)과 함께 세계의 3대 법전 중 하나에 속하며, 고대법의 집대성이라고 할 수 있다. 또한 설형문자로 기록된 함무라비 법전은 현재 모든 번역이 완료되어 각국의 언어로 소개되어 있다. 따라서 이 법은 원문이 전해지는 가장 오래된 성문법전으로 고대법을 이해할 수 있는 중요한 자료이며, 그 내용에 고용, 임대차, 소비대차 등과 같은 계약뿐 아니라 현대형 불법행위로 불리는 의료과오에 관한 내용까지 포함하고 있어 상당한 연구의 가치가 있다고 할 수 있다.

2. 고대 메소포타미아(Mesopotamia)

함무라비 법전에 대한 구체적인 논의에 앞서 고대 메소포타미아 지역의 지리적, 사회적, 역사적 배경 등에 대하여 이해할 필요성이 있다.

(1) 지리적·역사적 배경

메소포타미아라는 지명은 고대 그리스인들이 현재의 이라크 지역에 붙인 명칭이다. 먼저 어원을 살펴보면, 메소(Meso)는 '중간' 또는 '중앙'의 의미를 포타미아(potamia)는 '하천' 또는 '강'의 의미를 갖고 있으며, 이를 종합하면 '두 강 사이의 지역'이라고 해석된다. 메소포타미아 지역은 유프라테스(Euphrates) 江과 티그리스(Tigris) 江으로 둘러싸여 있기 때문에 예로부터 농업이 발달했으며, 상당한 문명을 이룩할 수 있었다. 그러므로 이 지역을 '비옥한 초승달 지대(Fertile Crescent)'로 부르기도 했다. 아무튼 이러한 지리적 배경은 문명의 발달이라는 장점과 동시에 개방적인 지형으로 교통의 요충지였기 때문에 외세의 침략이 끊이지 않았다.

고대 메소포타미아 지역에 생성되었던 왕조나 문명을 살펴보면, 수메르(Sumer)인의 시대4) — 아카드(Akkad) 왕조5) — 우르(Ur) 왕조 — 고 바빌로니아(Babylonia) 시대6) — 아시리아(Assyria) 제국7) — 신 바빌

---

4) 고대 메소포타미아 남부에 거주하던 민족으로 수메르는 '검은 머리의 사람'이라는 의미를 가지고 있다. 메소포타미아 지역에서 번영했던 이들은 학교, 수레바퀴, 문자, 달력 등과 같은 것을 발명하였다. 수메르인의 시대에 대하여는 견해가 다양하지만 약 BC 3000년경에 오리엔트 세계 최고(最古)의 문명을 이룩하였다.

5) 아카드인들은 셈족의 일파로 알려져 있으며, 메소포타미아 북부에 주로 거주하던 민족이다. 셈은 성경에서 노아의 아들 중 한 명이다. 아카드 왕조는 약 BC 2334~2154년으로 추정된다.

로니아(Neo Babylonia) 제국8) 순으로 이어진다. 여기서 함무라비 법전이 제정된 시기는 고 바빌로니아 시대이며, 당시 바빌로니아의 6대 왕인 함무라비 대왕이 메소포타미아 지역에 있는 도시국가들을 병합한 후 본 법을 제정하였다.9)

(2) 사회적 · 문화적 배경

함무라비 법전이 제정될 당시의 상황을 살펴보면 첫째, 메소포타미아 지역에서 수메르인은 사라지고 셈족이 주류가 되었으며 둘째, 당시 문자는 수메르인이 발명한 설형문자(=쐐기문자)를 사용했지만 아카드어가 보급되어 말은 아카드어를 사용하였다. 따라서 함무라비 법전도 설형문자로 기록되었다. 셋째, 농업사회에서 사경제의 발달로 상인들이 출현했다는 점이다. 이에 대한 흔적은 함무라비 법전의 규정에서 찾아볼 수 있다. 넷째, 법의 미분화에 따라 과거 정치·종교·군사·경제의 중심이었던 신전이 개인들의 신앙의 장소나 재판의 장소로 역할이 약화되었다. 이는 법과 다른 사회규범이 분화되었고, 국가의 통치권이 확립되었다는 것을 의미한다. 위와 같은 신전 앞에 함무라비법이 기록된 석주가 발견된 것은 우연이 아니다. 다섯째, 고 바빌로니아 이전 왕조인 우르 왕조에서도 우르남무(Ur-Nammu) 법

---

6) 고 바빌로니아 시대는 아모리(Amorite) 왕조 - 카시트(Kassite) 왕조 - 이신(Isin) 왕조 등으로 나뉘며, 약 BC 1894~911년까지 이어졌다.

7) 아시리아인 역시 셈족으로 설형문자를 사용하였고 BC 7세기 바빌로니아와 이집트를 정복하여 오리엔트 최초의 통일제국이 되었다. 아시리아 제국은 BC 911~609년까지 메소포타미아를 지배하였다.

8) 신 바빌로니아는 BC 626~539년까지 존립했던 제국으로 바빌로니아 시대의 함무라비 대왕의 황금기를 동경하였다. 신 바빌로니아의 네부카드네자르 2세는 BC 587년에는 유대를 멸망시키고 유대인들을 강제 이주시켰다.

9) 아모리 왕조의 첫 황제인 함무라비 대왕의 재위기간은 BC 1792~1750년이며, 함무라비의 의미는 아카드어로 아모리의 혈통을 이어받은 적장자라는 의미를 가진다.

전이 제정되었던 것으로 보아 함무라비 법전의 편찬도 이에 영향을 받은 것으로 보인다.[10]

당시의 사회구조를 보면, 신분제 사회였음을 알 수 있다. 학자들에 따라 귀족, 평민, 노예로 구성되었는지 자유인, 평민, 노예로 구성되었는지 견해가 일치하지 않지만 사회구성원들의 지위가 평등하지 않았다는 것에 대해서는 견해가 일치한다. 특히 함무라비 법전에서 등장하는 노예는 그리스[11]나 로마시대의 노예와는 사뭇 다른 대우를 받은 것으로 알려져 있다. 즉 자유인, 평민 등과 같은 인격성이 부여되지는 않았지만 고 바빌로니아 시대의 노예들에게는 일정한 범위 내에서의 인격성이 부여되었다. 그 이유로는 당시 사회가 소규모 농업을 주요한 산업으로 하여 노예를 필요 이상으로 확보할 필요가 없었으며, 노예가 물가에 비해 고가였으므로 경제성이 높지 않았기 때문이다. 당시 노예는 출생이나 전쟁포로 또는 매매를 통해 노예가 된 자(동산노예), 채무를 이행하지 않아 노예가 된 자(채무노예), 경제적 능력이 없어 자발적으로 노예가 된 자(기근노예)로 유형화될 수 있었으며, 주인에 대한 후견의 약정이나 주인의 입양 그리고 금전의 지급을 통해 이러한 노예의 상태로부터 벗어날 수 있었다. 또한 노예의 표식과 관련하여 신 바빌로니아에서는 낙인(烙印)이 그 구별방법이었지만 고 바빌로니아에서는 단순한 머리묶음에 의해 이를 구별하였던 것으로 미루어 짐작하건대 노예에 대한 사회적 지위는 다른 곳과 비교하여 열악하지 않았던 것으로 추정된다.

고대 메소포타미아 지방은 풍부한 수자원으로 인하여 농업이 발

---

10) 양 법전의 차이점 중 하나는 우르남무 법전은 가급적 금전배상을 원칙으로 하는 데 반하여, 함무라비 법전은 탈리오(Talio) 법리에 입각하고 있다는 점이다.

11) 그리스의 철학자 아리스토텔레스는 말을 할 수 있는지의 여부에 따라 물건을 말을 하는 물건, 말을 반쯤 하는 물건, 말을 못하는 물건으로 분류하고 말을 하는 물건에 노예를 포함시켰다.

달하였다. 그들은 주로 농업과 목축에 종사하였으며, 이러한 내용은 함무라비 법전에서 확인할 수 있다. 그러나 유프라테스 江과 티그리스 江은 잦은 범람으로 그들에게 고통도 안겨주었는데, 이 때문에 제방이나 수로에 관한 규정이 법전에 다수 포함되어 있다.

(3) 법체계와 사법제도

함무라비 법전의 제정자인 함무라비 대왕은 강력한 군주제를 지향하였다. 당시 고대 메소포타미아 지역은 다양한 도시국가나 부족사회로 구성되어 있었으며, 함무라비는 이러한 도시나 부족을 통합하였다. 과거에 위와 같은 도시국가나 부족사회에서는 민회에 의해 정치·사회질서가 유지되었으나 메소포타미아 지방의 개방적 지형 때문에 많은 외세의 침입이 있었고 이에 국가의 권력이 민회 중심에서 한 명의 군주(lugal)에게 집중되게 된다.[12] 따라서 군주의 지위가 높아지고 군주는 법을 제정할 수 있는 권한, 법을 집행하는 권한 그리고 재판을 담당하는 권한을 모두 보유하게 된다. 다만 재판에 관하여는 모든 사건을 담당하였던 것이 아니라 중요사건과 청원사건에 대해서만 법관으로서 권한을 행사하였다.

당시의 재판을 담당했던 법원조직을 살펴보면, 도시에서는 도시법원이 있었다. 도시의 경우 재판은 신전(ziggurat)에서 실시되었으며, 당시 도시법원의 법관들은 학교에서 설형문자에 익숙한 자들 중에서 선발되었다. 그리고 도시 이외의 지역에서는 민회가 이러한 재판을 담당했는데, 함무라비 법전에서는 민회의 구성원을 원로라고

---

12) 수메르어에서 'lugal'의 의미는 '큰 사람'이라는 의미로 일상적으로는 선주나 토지 소유자 또는 한 가정의 가장을 지칭하는 용어로 사용되었다. 그 후 이 단어는 한 국가의 통치자라는 의미로 사용된다.

지칭하고 있다.[13]

함무라비 법전에서 나타난 재판절차를 구성하면, ① 고소 ② 당사자 출석 ③ 심리 및 증거조사 ④ 판결 ⑤ 청원 ⑥ 판결의 집행으로 이루어진다. 여기서 현대의 재판절차와 유사점 및 차이점을 발견할 수 있다. 먼저 유사점으로는 당시 증거재판의 원칙이 적용되었다는 점이다. 법관들은 당사자들이 제시하는 점토판 문서나 증인출석을 통해 심리를 했다는 것을 알 수 있다. 또한 판결은 단독이 아닌 합의부에서 3~6명의 법관에 의해 이루어졌으며, 이러한 판결문을 당사자에게 송달했다는 것도 함무라비 법전의 내용을 통해 알 수 있다.[14] 하지만 차이점으로는 심급제도가 마련되지 않았던 것으로 보인다. 따라서 1회의 재판에 의해 기판력이 발생하는데, 이를 보완하기 위하여 군주에게 청원할 수 있는 제도를 마련하고 있었다. 그리고 기판력이 생기더라도 패소자가 이행을 하지 않는 경우 강제집행은 공력집행이 아닌 사력집행으로 이루어졌다는 차이점이 있다.

3. 함무라비 법전

(1) 법전의 표기와 구성

고대 도시 수사(Susa)에서 발견된 함무라비 법전이 기록된 석주는 높이 2.25m, 둘레 2m의 암녹색의 섬록암(diorite)으로 커다란 손가락 형태로 생겼다. 그리고 법규정은 위에서 아래로, 문단은 오른쪽에서 왼쪽으로 기록되었으며, 총 282개의 조문으로 구성되었지만 BC 12세기

---

13) H.23.에서 "district governor"(C.H.W Johns의 번역).

14) H.5.

엘람왕에 의해 석주가 손괴되어 현재 30개의 조문이 훼손된 상태이다. 조문들의 내용을 살펴보면 형법, 민법, 사회법 등에 관한 다양한 법영역의 내용을 포함하고 있으며, 언어는 아카드어로 문자는 설형 문자로 기록되어 있다. 특이한 점으로는 석주의 상단에는 부조가 새겨져 있으며, 그 하단은 크게 전문, 본문, 후문으로 구성되어 있다. 전문에는 함무라비 자신에 대한 60여 가지의 공적과 입법취지를 표기하였고 후문에는 법전을 변경한 자에게는 신에 의한 재앙과 징벌이 따를 것이라는 법전 변경에 대한 경고문을 표기하였다. 따라서 함무라비 법전은 현존하는 가장 오래된 성문법으로 불린다.

(2) 이념적 기초

함무라비 법전의 편찬에 바탕이 되는 이념적 기초로는 첫째, 왕권신수사상(王權神授思想)을 들 수 있다. 이는 석주의 부조에서 당시 그 지역의 태양신을 새긴 것으로부터 유추할 수 있다. 둘째, 정의의 실현으로, 부조에서 나타난 샤마슈의 막대나 고리의 의미뿐만 아니라 원초적 정의관념에 부합한 탈리오(Talio)의 법칙이 법전을 관통하고 있기 때문이다. 셋째, 사회적 약자보호와 구성원의 복지에 관한 사상이 다양한 조문을 통해 표출된다. 즉 과부나 고아의 보호, 군대에서의 각종 가혹행위 처벌,[15] 처가 질병에 걸린 경우 남편의 부양의무[16] 등이 그 예이다. 넷째, 예측가능성의 확보로서 재판의 장소이자 시장이 개장되었던 신전 앞에 석주를 설치한 사실로 보건대 당해 법의 수범자들에게 이러한 내용을 미리 주지시켜 예측가능성을

---

15) H.34.

16) H.148.

확보했던 것이다. 다섯째, 석주의 후문에서 기록된 것처럼 법의 변경을 금지함으로써 법적 안정성을 추구하려고 했음을 알 수 있다.

(3) 입법방식의 특징

함무라비 법전에서 나타난 입법방식의 특징은, 첫째, 개개의 법적 문제에 대하여 개별적인 규정을 두었다는 점이다. 일반적으로 현대의 법은 개개의 법적 문제에 대해 일반적인 규정을 둠으로써 보다 효율적인 입법방식을 취하지만 함무라비 법전은 그렇지 못하다. 예를 들어 현행 형법 제329조는 "타인의 재물을 절취한 자는 6년 이하의 징역 또는 천만 원 이하의 벌금에 처한다"고 규정함으로써 여기의 '재물'에는 다양한 물건들이 포함되지만, 함무라비법 제8조는 "만약 어떤 자가 소나 양 또는 당나귀, 돼지 또는 염소를 훔친다면 ······ 처벌한다"고 규정한다.

둘째, 함무라비 법전에 나오는 규정을 보면 모두 'summa'(=if)로 시작하여 "······을 하면 ······ 될 것이다"는 조건절과 귀결절로 구성된 예정적 규정방식을 채택하고 있다. 이는 현대의 법이 "······해야 한다" "······하지 않으면 안 된다"와 같은 당위규정방식을 택하는 것과 비교된다. 이러한 예정적 규정방식을 택한 이유에 대하여는 아직까지 인간의 행위에 대한 처벌은 인간이 아니라 신(神)이 한다는 생각이 구성원들의 관념을 지배했기 때문이고 실제 재판은 법관이 하지만 그에 대한 집행은 지역공동체나 소송당사자가 했기 때문으로 이해되고 있다.

마지막으로 대상 중심의 규정방식을 취하고 있다는 점이다. 일반적으로 현대의 법은 공법에 관한 내용이면 공법에, 민사에 관한 내용이면 사법에 규정하는데, 함무라비 법전은 예컨대 농업에 관한 것이면 공·사법 불문하고 함께 규율한다는 점이다. 그 당시에는 공법과 사법의 구별이 이루어지지 않았고 또한 하나의 법전에 모든 생활관계를 규율해야 했기 때문에 당연한 결과라고 할 것이다.[17]

(4) 그 밖의 특징

가. Lex Talionis

우리가 현대에 자연스럽게 사용하는 '눈에는 눈, 이에는 이'라는 표현이 있다. 현대인들에게 다소 거칠고 포악스럽게 들릴 수 있는 이러한 표현은 함무라비 법전이 제정될 당시만 하더라도 정의관념에 입각한 획기적인 것이었다. 국가의 공적인 구제방법이 마련되지 않았던 약육강식의 시대를 생각해보면 무한고리의 복수가 계속될 수밖에 없었을 것이다. 따라서 함무라비 대왕이 받은 만큼만 돌려주라는 선언이 나타난 함무라비 법전은 원시적 정의의 관념에 부합한 것으로 평가받고 있다. 아무튼 이러한 원칙을 탈리오의 법칙 내지 탈리오 법(Lex Talionis)이라고 한다. 물론 고대의 다른 법을 보더라도 탈리오의 법칙이 투영된 많은 법들이 있지만 특히 함무라비 법전은 단순한 폭행부터 사회생활에서 발생하는 다양한 불법행위의 영역까지 이러한 원칙을 고수하고 있다.

---

17) 함무라비 법전과 비교의 대상은 다르지만 조선시대의 법전인 경국대전(經國大典)도 육전체제(六典體制)를 따라 이전, 호전, 예전, 병전, 형전, 공전 6전으로 구성되었으며, 각기 14~61개의 항목으로 이루어졌다. 예컨대 호전은 재정을 비롯하여 호적·조세·녹봉·통화와 상거래 등을 다루었기 때문에 공법과 사법이 모두 포함되었다.

나. 엄벌주의

함무라비 법전의 내용을 살펴보면, 반영형 내지 상징형으로 불리는 엄벌주의를 고수하고 있다. 예컨대 함무라비법 제192조에는 양자가 양부모에게 "당신은 나의 아버지나 어머니가 아닙니다"고 말하면 그의 혀를 뽑도록· 하는데, 이는 상징형을 나타내고 있다.

다. 법률행위에 있어 문서의 활용

현대에 사회구성원들이 법률행위, 즉 계약을 체결할 경우 방식은 자유롭게 선택할 수 있다. 따라서 계약의 내용을 문서에 남길 수도 있고 단순하게 구두로 할 수도 있다. 즉 어떠한 방식에 따르더라도 그 계약은 유효한 것으로 구속력이 있다. 그러나 함무라비 법전을 통해서 알 수 있는 점은 그들은 문서에 의한 계약을 원칙으로 했다는 사실이다. 그렇다면 당시 메소포타미아 지역에서 종이와 같은 것이 있었는지 의문이다. 왜냐하면 고대 이집트에서 사용되었던 파피루스(papyrus)는 메소포타미아 일반인들이 접하지 못했거나 구하기 어려웠을 것이기 때문이다.[18] 따라서 메소포타미아 지방의 사람들은 구하기 쉬운 점토를 이용하여, 종이를 대신하는 점토판과 개인의 동일성을 확보하기 위한 원통인장을 발명해냈다.

---

18) 파피루스의 기원은 고대 이집트의 초기 왕조(BC 3150~2890년)까지 거슬러 올라간다. 파피루스는 종이(paper)의 기원으로 알려졌지만, 엄밀하게 종이의 기원으로 보기는 어렵다.

라. 신판(神判)

당시 분쟁해결을 위한 재판제도가 마련되어있음을 이미 살펴보았다. 그리고 재판은 증거재판의 원리를 기본이념으로 하였기 때문에 소송 당사자가 제출하는 원통인장이 날인된 점토판이나 증인의 증언에 의해 소송의 승패가 달라졌다. 하지만 위와 같은 증거가 없는 경우에는 곤란한 상황이 발생하게 되는데, 함무라비 법전에는 이를 위하여 신판제도를 마련해놓았다. 신판이란 말 그대로 신이나 초자연적 방법에 의한 판결을 말한다. 제시된 증거나 증언이 없거나 이것들에 의해 사건이 해결되지 않을 때, 어떤 초자연력에 의존하여 재판을 하는 것이다. 함무라비 법전에서 규정하는 몇 가지 신판의 예를 살펴보면 첫째, 선서로서 함무라비법 제20조에 따르면, 노예를 포획한 자가 포획한 노예를 놓쳤을 경우, 노예의 주인에게 맹세하면 그 책임을 면할 수 있도록 규정한다. 이는 맹세라는 것이 신에 대한 것이므로 만약 그것이 자신의 책임하에 발생했을 경우 신이 내리는 징벌을 받겠다는 것을 의미한다. 둘째, 수신판으로 제132조에는 한 남자의 아내가 다른 사람에게 부정한 행위를 했다고 지탄받는 경우에는 남편을 위하여 성스러운 강물에 투신해야 한다고 규정한다. 즉 수신판(水神判)을 통해 자신의 결백을 증명하는 것으로 메소포타미아에서는 이러한 경우 물위에 뜨면 무죄라고 판결하였다.[19]

---

19) 신판(ordeal)은 중세시대에도 계속되었는데, 결백을 위해 물에 투신하는 수신판(다른 지역에서는 물에 가라앉으면 무죄), 불에 달궈진 막대를 쥐도록 하여 며칠 뒤 회복여부에 따라 유무죄를 판단하는 화신판, 그리고 독성물질을 마시거나 바르게 한 다음 그 반응을 보고 유무죄를 판단하는 독신판, 큰 빵을 먹게 한 다음 질식하는지의 여부에 따라 유무죄를 판단하는 빵에 의한 신판 등이 있었다. 현대에도 재판과정에서 증인이 성경에 손을 얹고 선서하는 등의 행위도 이러한 신판의 흔적이라고 할 수 있다.

마. 신분에 따른 차별적 대우

고 바빌로니아는 신분제 사회로서 이러한 신분에 따른 법의 차별적 대우가 법전에서 다양하게 나타난다. 즉 현대와 같은 '법 앞의 평등'은 이루어지지 않았고 이는 탈리오의 원칙에서도 마찬가지였다. 예를 들어 함무라비법 제200조에서는 동일한 신분에 속한 자들 간에는 피해자의 이가 뽑힌 경우 가해자의 이를 뽑도록 하였으나, 제201조에서는 하위 신분자가 피해자이면 가해자는 금전배상만을 하도록 규정한다.

제2편 함무라비 법전에서 나타난 형법규정

1. 형법과 관련된 규정일반

(1) 형벌의 발전단계

함무라비 법전은 현재의 법체계에 비추어볼 때, 공법과 사법 그리고 사회법의 내용이 모두 포함되어 있다. 따라서 이에 대한 내용을 차례로 살펴본다.

먼저 형법의 구체적인 내용을 알아보기 전에 함무라비 법전의 형벌이 형벌의 발전단계 중 어디에 속하는지 이해할 필요가 있다. 형벌의 발전단계는 무한보복의 단계 - 동해보복의 단계 - 속죄금의 단계 - 국가의 형벌집행의 단계로 나누어볼 수 있다. 무한보복의 단계는 형벌권을 독점적으로 행사하는 국가가 성립되기 이전의 단계로 권리를 침해당한 자의 자력집행에 의해 권리보호가 이루어지는 원시적인 모습을 띠고 있다. 그런데 이러한 단계에서는 가해자와 피해자가 무한으로 반복되는 악순환의 결과를 나타낸다. 따라서 이러한 폐해를 방지하기 위해 다음 단계인 동해보복의 단계로 발전하게 된다. 이 단계에서는 피해자 자신이 입은 손해만큼만 가해자에게 보복을 하게 함으로써 무한보복에 대한 악순환의 고리를 끊어내게 한다. 그러므로 여기에 하나의 정의 관념이 등장하는데, 이것을 원시적 정의관념이라 칭한다. 동해보복의 단계에서 발전된 형태는 속죄금의 단계이다. 동해보복을 통해 피해자의 감정은 누그러졌을지 몰라도 실제 피해자에게 발생한 손해는 전혀 전보되지 않은 결과, 여전히 손해는 피해자에게 남아 있게 된다. 따라서 동해보복보다는 가해자의 경제적인 측면에 손해를 가한다는 측면에서 이를 속죄금으로 받는 것이 여러모로 당사자뿐 아니라 사회적으로도 이익이 된다. 속죄금은 처음에 가해자를 대신하여 복수할 수 있는 동물을 제공하는 것으로 이루어졌으나 그 후 화폐를 제공하는 것으로 대체되었다. 여기서 속죄금(贖罪金)은 현재의 민사상·형사상 책임의 성격을 모두 갖는 것으로 이해된다. 예컨대 현재의 법체계에서 A가 B를 폭행한다면, 먼저 A의 행위는 형법 제260조가 규정하는 폭행죄에 해당하여 처벌을 받게 되고 또한 A의 이러한 행위는 위법한 행위로 민법 제750조 불법행위에 해당하여 B에게 손해배상의무를 부담하게 된다는 점에서 차이가 있다.

형벌의 마지막 발전단계는 국가에 의한 형벌의 집행이다. 이는 피해의 구제에 직접 피해자 개인이 주체로 나서는 것이 아니라 국가의 권력에 의해 이를 해결하는 것으로 공력구제(公力救濟)가 그 주된 내용이 된다.

(2) 형벌의 종류

함무라비 법전에서 나타난 형벌의 종류는 다양하다.

먼저 탈리오의 원칙에 따라 ① 동해보복이 여러 곳에 규정되어 있다. ② 생명형으로서 사형이 규정되어 있는데, 일반적인 사형집행의 방법은 규정되어 있지 않다.[20] 그렇지만 사형집행의 방법으로서

---

20) 현행 형법 제66조(사형)는 "사형은 형무소 내에서 교수하여 집행한다"고 규정하며, 군형법

화형, 익살형, 척살형 등이 나타난다. 특히 척살형 같은 경우에는 당시 유혈에 대한 금기 때문에 특정한 범죄에 대해서만 인정되었다.[21] 다음으로 부족, 사회, 국가라는 공동체로부터 법에 대한 보호의 거부를 의미하는 ③ 추방형이 있었다. 그리고 함무라비법의 특징 중 하나인 반영형 또는 상징형으로서 ④ 신체절단형이 있는데, 예를 들어 함무라비법 제195조는 "만약 자식이 그의 부모를 폭행한다면, 그의 손은 잘려질 것이다"고 규정한다. 또한 재산형으로서 속죄금을 지급해야 하는 ⑤ 벌금형이 있었으며, 자신보다 신분이 높은 자를 폭행한 경우에 대한 처벌로서 ⑥ 채찍형이 규정되어 있었다. 즉 함무라비법 제202조는 "어떤 사람이 자신보다 높은 지위에 있는 사람을 폭행한 경우, 그는 대중 앞에서 소가죽 채찍으로 60대를 맞게 될 것이다"고 규정한다. 그 밖에 ⑦ 명예형과 ⑧ 자격상실형을 형벌로서 규정하고 있다. 자격상실형과 관련하여 함무라비법 제5조에서는 "…… 후에 그의 판결을 변경한다면, 그는 판결문 변경으로 기소될 것이고 …… 그는 법관직에서 공공연히 물러날 것이고 결코 법관의 지위에 서지 못하게 될 것이다"고 규정한다.

2. 구체적 범죄

(1) 생명·신체에 관한 죄

함무라비 법전에서 특이한 점은 일반적인 살인죄에 관한 규정을 찾아볼 수 없다는 점이다. 왜냐하면 현대의 모든 형법은 생명에 관

제3조(사형집행)는 "사형은 소속 군 참모총장 또는 군사법원의 관할관이 지정한 장소에서 총살로써 집행한다"고 규정한다.
21) H.153.

한 법익을 보호하기 위한 살인죄를 규정하는 것이 일반적이고 당연하기 때문이다.[22] 이러한 함무라비 법전의 태도는 당시 타인을 살해한 자는 당연히 자신의 생명을 유지할 수 없었으므로 이에 대한 별도의 규정을 둘 필요가 없었기 때문으로 보인다.[23]

가. 치정에 의한 살인죄

함무라비법 제153조는 "만약 유부녀가 다른 남자 때문에 그들의 배우자(그녀의 남편과 다른 남자의 부인)를 살해하였다면, 그들 모두는 척살형에 처해질 것이다"고 하여 치정에 의한 살인죄를 규정한다. 이러한 규정을 통해 알 수 있는 것은 당시 혼인관계를 상당히 중시했다는 것과 유혈을 금기시했던 당시의 관념에 비추어볼 때 치정에 의한 살인은 상당히 강력한 처벌을 받았다는 것을 알 수 있다.

나. 폭행치사상죄

함무라비법 제206조는 "만약 어떤 사람이 싸움 중에 다른 사람을 폭행하고 그에게 상해를 가했다면, 그는 '내가 고의로 그러한 행위를 하지 않았다'고 맹세하고 치료비를 지급해야 한다"고 규정하고 제207조와 제208조에서는 "폭행피해자가 그 상해 때문에 사망했다면, 그는 위와 같은 맹세를 하고 만약 사망한 자가 자유인이라면 그는 2분의 1미나를 그가 평민이라면 3분의 1미나를 지급해야 한다"

---

22) 형법 제250조(살인, 존속살해) 제1항 "사람을 살해한 자는 사형, 무기 또는 5년 이상의 징역에 처한다." 제2항 "자기 또는 배우자의 직계존속을 살해한 자는 사형, 무기 또는 7년 이상의 징역에 처한다."

23) 이러한 태도는 고대 로마시민법인 『12표법』에서도 동일하게 나타난다.

고 규정한다.[24)

또한 특별히 임신부가 폭행을 당하여 태아가 사망한 경우, 그 임신부가 자유인이면 10세켈, 평민이면 5세켈의 배상을 명한다.[25) 그런데 제210조와 제212조에서 자유인인 임신부가 사망한다면 폭행한 자의 딸을 죽일 수 있다고 하며, 평민인 임신부가 사망한다면 2분의 1미나를 지급하도록 규정한다. 이러한 규정을 통해 당시 함무라비법이 고의와 과실을 구별했고 신분에 따라 다른 배상금을 인정했다는 점을 알 수 있으며,[26) 당시 농업사회인 관계로 자녀의 수는 경제력이나 부와 연관이 있어 임신부에 관하여 6개의 조문을 할애하고 있다는 점이다.

다. 유기치사죄

제194조는 "만약 어떤 사람이 수유를 위해 자신의 자녀를 유모에게 맡겼는데, 그 자녀가 유모의 관리 중에 사망하였지만 그 유모가 자녀의 부모에게 알리지 않고 다른 아이를 수유했다면, 그들은 다른 아이를 수유함으로써 사망한 것을 이유로 그녀를 고소할 수 있고 그녀의 가슴은 잘릴 것이다"고 규정한다.

---

24) 미나(mina)는 고대 그리스나 이집트의 화폐 단위(1/60talent)나 중량 단위(0.95pound)이다.

25) H.209., H.211.

26) 여자 노예를 폭행하여 그녀가 아이를 잃는다면 2세켈을 만약 그녀가 죽는다면 3분의 1미나를 배상하도록 규정한다(H.213., H.214.).

라. 상해죄

탈리오의 원칙으로 알려진 대표적인 규정은 제196조에서 201조까지 명시되어 있다. 차례로 조문을 살펴보면 다음과 같다. "만약 어떤 사람이 다른 사람의 눈을 멀게 하면, 그의 눈도 멀게 될 것이다(제196조)", "만약 어떤 사람이 다른 사람의 뼈를 부러뜨린다면, 그의 뼈도 부러질 것이다(제197조)", "만약 어떤 사람이 평민의 눈을 멀게 하거나 뼈를 부러뜨린다면, 그는 금 1미나를 배상해야 한다(제198조)", "만약 어떤 사람이 타인 소유 노예의 눈을 멀게 하거나 뼈를 부러뜨린다면, 그는 그 노예 가치의 2분의 1을 지급해야 한다(제199조)", "만약 어떤 사람이 자신과 사회적 신분이 동일한 사람의 이를 부러뜨린다면, 그의 이는 부러질 것이다(제200조)", "만약 어떤 사람이 평민의 이를 부러뜨린다면, 그는 금 3분의 1미나를 지급해야 한다(제201조)." 이러한 규정을 통해 동해보복사상과 노예의 경우 현대적 의미의 노동능력 상실과 같은 개념을 엿볼 수 있어 흥미롭다.

마. 폭행죄

폭행죄에서 특이한 점은 존속폭행죄의 경우 상징형을 규정하고 신분질서를 어지럽힌 폭행의 경우 공개형에 처했다는 점이다. 먼저 제195조에서 존속폭행죄를 범한 자녀의 손을 자르는 상징형을 규정하고 있으며, 제202조에서 "만약 어떤 사람이 자신보다 사회적 신분이 높은 사람을 폭행한다면, 그는 공개적으로 소가죽 채찍으로 60대의 태형에 처해질 것이다"고 한다. 이처럼 사회적 신분 질서를 무너뜨린 폭행범을 공개장소에서 처벌함으로써 당시의 신분질서를 유지하기 위한 즉 일반예방적 효과를 꾀했던 것으로 보인다. 또한 신분질서와 관련하여, 제205조는 "만약 자유인의 노예가 다른 자유인을 폭행한다면, 그의 귀는 잘릴 것이다"고 규정하여 이러한 범죄를 엄벌하고 있다.

그 밖에 "만약 자유인이 다른 자유인을 폭행하는 경우, 금 1미나를 배상해야 한다(제203조)", "만약 평민이 다른 평민을 폭행하는 경우, 10세켈을 배상해야 한다(제204조)"고 하여, 일반적인 폭행의 경우에는 상해죄와 다르게 금전배상을 규정한다.

(2) 성범죄

가. 강간죄

함무라비법 제130조는 "만약 어떤 사람이 남자를 알지 못하고 여전히 그녀의 아버지의 집에서 거주하고 있는 다른 사람의 아내(약혼녀나 어린 아내)를 강간하고 그녀와 동침 중에 체포되었다면 이 사람은 사형에 처해지지만 그 아내는 무죄이다"고 규정한다. 이 규정에서 피해여성을 무죄라고 명시한 이유는 당시 피해여성을 박해하는 풍습이 있었기 때문이며, 현재 중동지역에서 비일비재하게 발생하는 명예살인의 풍습을 볼 때 당시 상당히 여성의 인권을 중요시했다는 것을 알 수 있다.

나. 간통죄

현재 우리나라에서는 폐지되어 형벌의 규율대상이 아니지만, 당시 함무라비 시대에는 이러한 행위는 죄로 규정되어 있었다. 함무라비법 제129조는 "만약 어떤 남자의 아내가 다른 남성과 간통죄의 현행범으로 체포되었다면, 당사자 모두 포박당해 물에 던져질 것이다. 그러나 그녀의 남편은 그녀를 용서하고 왕은 그의 백성을 용서할 수 있다"고 규정한다. 당시 간통죄는 사형에 처할 만큼 중한 범죄로 취급되었지만 사면의 가능성을 열어놓았다. 특히 배우자에 의한 용서는 부정한 행위에 대하여 사후용서가 있는 경우 재판상 이혼청구를 못하도록 규정하고 있는 현행 민법 제841조와 유사한 면이 있다고 할 것이다.[27] 또한 일반적인 간통죄에서 남성을 처벌하는 규정이 없는 것으로 볼 때, 당시는 남성우월적인 사회였던 것으로 판단된다.

그리고 흥미로운 규정으로 당시 메소포타미아의 지형적 특성 때문에 잦은 전쟁이 발발하였는데, 이와 관련한 간통죄의 두 가지 유형이 있다. 첫 번째는 남편이 전쟁에서 포로가 되었지만 여전히 생계유지가 가능함에도 불구하고 남편의 집을 떠나 다른 사람의 집에 들어가게 되면, 그녀는 법적으로 유죄판결을 받고 익살형에 처해지는 유형과 두 번째는 남편이 전쟁포로가 되었고 이 때문에 생계유지가 불가능하게 된 경우 다른 사람의 집에 들어갔다면 그녀는 무죄판결을 받게 되는 유형이 있다. 이는 결국 생계유지가 곤란한 여성을 위한 인도적이고 정책적인 배려규정이라고 생각할 수 있다.[28]

---

27) 간통죄가 폐지되기 전 형법 제241조 제2항의 "……배우자가 간통을 종용 또는 유서한 때에는 고소할 수 없다"는 규정과 유사하다.

28) H.133., H.134.

다. 근친상간죄

법은 그 당시의 정치적·경제적·사회적·문화적인 배경을 담고 있다. 성범죄와 관련하여 함무라비법은 근친상간에 관한 다양한 유형의 죄를 규정하고 처벌하고 있는 점으로 비추어볼 때, 당시 성도덕이 문란했던 것을 간접적으로 알 수 있다. 즉 아버지와 딸의 근친상간의 경우에는 추방형,[29] 시아버지와 며느리의 경우에는 익살형,[30] 어머니와 아들의 경우에는 화형,[31] 계모자의 경우에는 아버지의 집으로부터 추방형[32]으로 다루어졌다.

(3) 재산범죄

가. 절도죄

"만약 어떤 사람이 신전이나 왕궁의 재산을 훔친다면, 그는 사형에 처해질 것이고 또한 그로부터 훔친 물건을 수령한 자도 사형에 처할 것이다"고 제6조에서 규정한다. 이는 절도죄뿐 아니라 장물취득죄를 범한 자도 극형에 처함으로써 현대의 경우와 비교할 때 엄벌주의를 취했다는 것을 알 수 있다.[33] 또한 제8조에서 "만약 어떤 사람이 소나 양, 또는 당나귀, 또는 돼지나 염소를 훔친 경우, 그것이 신이나 왕궁에 속한 것이라면 그는 30배를 배상해야 한다. 만약 그

---

29) H.154.

30) H.155., H.156.

31) H.157.

32) H.158.

33) 현행 형법 제362조는 장물의 취득·알선·보관 등을 처벌하고 있다.

것이 자유인의 소유라면 10배를 배상해야 한다. 만약 그가 어떠한 배상도 할 수 없다면 사형에 처할 것이다"고 하여 장물이 누구의 소유인지에 따라 배상금을 다르게 규정하고 있는데, 신전의 재산은 매우 신성한 것이므로 이에 대한 절도의 대가는 혹독했으며, 또한 왕궁의 재산은 왕의 것으로, 왕은 지상에서 신을 대리한다고 여겨졌기 때문에 같은 형벌이 부과되고 있다.

또한 타인의 미성년자인 자녀를 유괴한 경우에 유괴한 자를 사형에 처하도록 규정한다.[34] 그리고 함무라비법은 노예의 절도에 관한 많은 규정을 두고 있는데, 그 내용은 다음과 같다. 타인에게 속한 노예를 납치한 경우에 납치한 자를 성문 밖으로 쫓은 다음 사형에 처하도록 규정하며,[35] 타인의 도망한 노예를 보호한 경우 관리의 소환에 응하지 않으면 보호자는 사형에 처한다고 규정한다.[36] 또한 노예를 잡아 주인에게 반환한 경우, 노예주인은 은 2세켈을 지급하도록 규정하며,[37] 만약 잡힌 노예가 그의 주인의 이름을 말하지 않으면 궁전에 데려가 심문을 받게 하고 이에 따라 그의 주인에게 반환되도록 규정하고 있다.[38] 제19조와 제20조에서는 타인의 노예를 데리고 있다가 그곳에서 생포되면 집주인은 사형에 처해지며, 만약 생포했던 노예가 도망간 경우 노예의 주인에게 맹세를 하면 책임을 면하게 된다고 한다. 그리고 절도를 목적으로 한 주거 침입에 관하여 제21조는 "만약 어떤 사람이 절도를 위하여 가옥에 구멍을 뚫은 경우, 그는 그 구멍 앞에서 죽게 되고 그곳에 매장될 것이다"고 규정한다.

---

34) H.14.
35) H.15.
36) H.16.
37) H.17.
38) H.18.

이처럼 절도범을 그곳에 매장하는 이유는 당시 죽은 자가 다른 절도범의 침입을 막아준다는 미신이 있었기 때문이며, 이러한 절도범은 재판을 거치지 않고 자력에 의해 처벌했다는 점을 통해 형사절차가 완전하게 마련되지 않았다는 것을 알 수 있다. 또한 제25조는 "만약 어떤 집에 화재가 발생하였고 이를 진화하기 위해 현장에 간 사람이 화재가 발생한 집의 재산에 눈독을 들여 이를 절취했다면, 그는 그 불속에 던져질 것이다"고 규정하여 화재현장 절도범을 화재가 발생한 집주인의 자력집행에 의해 화형에 처하도록 하고 있다.

그 밖에 타인의 양수차를 절도한 자에게 5세켈의 금전배상을 인정하는 규정(제259조)과 타인의 농경지에 물을 공급하는 장치나 쟁기를 절도한 자에게 3세켈의 금전배상을 인정하는 규정(제260조)도 있다.

나. 강도죄

제22조에서는 "만약 어떤 사람이 강도를 저지르다 체포된 경우, 그는 사형에 처할 것이다"고 하여 강도죄를 규정하고 있다. 그리고 강도피해자를 보호하기 위하여 피해자의 구조에 관한 규정을 두고 있다. 즉 제23조는 "만약 노상강도가 잡히지 않는 경우, 그가 입은 손해에 대해 맹세한다면 강도가 발생했던 지역의 관리나 원로는 빼앗긴 물건에 대한 보상을 할 것이다"고 하며, 제24조는 "노상강도에 의해 사람이 사망한 경우, 강도가 발생했던 지역의 관리나 원로는 사망한 자의 친족에게 은 1미나를 지급해야 한다"고 규정한다. 이는 우리 헌법 제30조와 범죄피해자보호법상의 구조금과 유사한 내용을 갖고 있어 흥미로운 부분이다.[39][40] 아마도 노상강도가 발생한 지역

에 대한 치안의 부재에 대한 책임과 피해자 보호를 위한 취지의 규정으로 생각된다.

다. 준사기

제7조는 "만약 어떤 사람이 증인이나 계약서 없이 다른 사람의 자녀나 노예로부터 은이나 금, 노예, 황소 또는 양, 당나귀나 그 밖의 물건을 구입하거나 담보로 수령하면, 그는 절도범으로 취급되고 사형에 처한다"고 하여, 현행 형법 제348조에서 규정하는 준사기(準詐欺)와 유사한 규정을 두고 있다.[41] 이러한 규정을 통하여 사회적 약자를 보호하여 계약의 공정성을 추구하려 했으며, 당시의 법률행위(계약)는 문서에 의해 이루어졌다는 것을 알 수 있다. 또한 현행 민법상 제한능력자의 보호와 유사한 측면을 엿볼 수 있다.[42]

라. 점유이탈물횡령죄[43]

상당히 장문으로 구성되어 있는 제9조를 간단하게 설명하면 다음과 같다. 어떤 물건을 분실한 자(A)가 그 물건이 다른 사람(C)의 점유에 속한 것을 발견한 경우, A는 그 물건이 자신의 소유임을 증명할 증인을, C는 그 물건을 매도인(B)로부터 구매했다는 것을 증명할

---

39) 헌법 제30조는 "타인의 범죄행위로 인하여 생명·신체에 대한 피해를 받은 국민은 법률이 정하는 바에 의하여 국가로부터 구조를 받을 수 있다"고 규정한다.

40) 구약성경 신명기 제21장 1절부터 9절에도 이와 유사한 규정이 있다.

41) 현행 형법 제348조 제1항은 "미성년자의 지려천박 또는 사람의 심신장애를 이용하여 재물의 교부를 받거나 재산상의 이익을 취득한 자는 10년 이하의 징역 또는 2천만 원 이하의 벌금에 처한다"고 규정한다.

42) C. H. W. Johns(1904)에 의하면, "증인이나 계약서" 대신 "원로나 법률가"로 번역되어 있다.

43) 현행 형법 제360조에서 점유이탈물횡령죄를 규정한다.

증인을 각각 법정에 출석시키고 법관은 그들의 증언을 듣고 심리를 한다. 그런데 이러한 심리결과 만약 B가 A의 물건을 횡령한 것으로 밝혀지게 되면 A는 그 물건의 소유권을 회복하고 B는 사형에 처해진다. 그리고 매매계약을 통해 B에게 지급했던 C의 매매대금은 B의 재산에서 반환받게 된다. 또한 위와 같은 상황에서 C가 B의 존재나 매매계약의 증인을 세우지 못한다면 자신이 절도범으로 취급되어 사형에 처해지며, A는 그 물건에 대한 소유권을 회복하게 된다.[44] 그런데 만약 A가 자신이 유실된 물건의 소유권을 증명할 증인을 세우지 못한다면 그는 악인으로서 법을 위반한 것이고 이러한 경우 A가 사형에 처해질 것으로 규정한다.[45]

마지막으로 제13조에서는 "만약 증인이 근처에 거주하지 않는 경우, 법관은 6개월 이내의 기간을 부여하고 만약 그 기간 내에 증인이 출석하지 않는다면, 증인을 세우고자 했던 자는 악인이고 소송가액에 해당하는 벌금을 받게 된다"고 규정한다.

마. 배임죄

배임죄란 타인의 사무를 처리하는 자가 그 임무에 위배하는 행위로써 재산상의 이익을 취득하거나 제3자로 하여금 이를 취득하게 하여 본인에게 손해를 가한 때에 성립하는 범죄이다.[46] 함무라비 법전에서 농경지에 대한 도급계약과 관련하여 이러한 배임죄를 찾아볼 수 있다. 제253조에서는 타인의 농경지를 경작하기 위해 그로부

---

44) H.10.

45) H.11. 제12조는 B가 소송기간 동안 사망한 경우, C가 소송가액의 5배를 B의 재산에서 지급받도록 규정한다.

46) 현행 형법 제355조 제2항.

터 씨앗이나 황소를 받은 자가 그 후 씨앗이나 곡식을 훔쳐간다면 그의 양손이 잘리는 형벌을 규정하고 있다. 또한 제255조는 위와 같은 자가 타인 소유의 소를 다른 사람에게 전대하거나 씨앗을 훔친 경우, 그 자는 법정에 서게 되며 일정한 양의 곡물로 배상하도록 규정한다.

바. 기타의 범죄

기타 흥미로운 규정으로 제108조는 "만약 술집의 주인이 술값으로 곡물을 받지 않고 돈을 받거나 곡물의 값어치보다 적게 술값을 계산한다면, 그녀는 유죄판결을 받고 강물에 던져질 것이다"고 규정한다. 이를 해석하면 손님은 술값으로 곡물이나 금전 중 어떤 것이나 지불할 수 있지만 만약 손님이 술값으로 곡물을 준 경우 이를 거절한다면 처벌하겠다는 취지로 해석된다. 그리고 술값을 속인 경우, 술집 주인을 익살형에 처했다는 것은 과잉처벌로 보인다.

(4) 주술범죄

함무라비 법전에서 특이한 범죄로서 주술범죄를 들 수 있다. 그 당시 메소포타미아 사람들은 인간의 모든 불행과 질병은 악마나 주술사에게서 기인하는 것이라고 생각했고 그들의 머릿속에는 각종의 미신이 강하게 자리 잡고 있었다. 따라서 법전의 맨 앞에 이러한 주술범죄에 관한 규정을 두고 있다.

제1조는 "만약 어떤 사람이 타인이 저주를 받았다고 곤경에 빠트렸지만 그가 이를 증명할 수 없다면, 타인을 곤경에 빠트린 자는 사

형에 처할 것이다"고 하며, 제2조는 "만약 어떤 사람이 타인을 저주에 빠졌다고 고발한 다음 피고발인이 강에 뛰어든 경우, 만약 그가 물에 가라앉으면 고발인은 그의 가옥을 취득하게 될 것이다. 그러나 만약 강이 피고발인을 무죄라고 증명하고 그가 아무런 상처 없이 살아난다면 고발인은 사형에 처해질 것이고 피고발인은 고발인의 소유에 속한 가옥을 취득하게 될 것이다"고 규정하여 주술에 관한 범죄를 규정하고 있다. 일반적으로 함무라비법은 증거재판의 원칙을 취하고 있으면서 위와 같은 주술의 경우에는 증명할 방법이 없으므로 자연력, 즉 수신판에 의존하고 있음을 알 수 있다.

(5) 무고죄

현행 형법상 무고죄란 형사처분이나 징계를 받게 할 목적으로 허위의 사실을 국가기관이나 공무원에게 신고하는 것을 말하는데,[47] 함무라비 법전에도 이러한 무고죄가 규정되어 있다. 즉 제3조는 "만약 어떤 사람이 어떤 범죄에 대하여 타인을 고소하였지만 증인이나 진술을 증명하지 못하였다면, 그 범죄의 형벌이 사형으로 규정된 경우, 그는 사형에 처할 것이다"고 하며, 제4조는 고발인이 증인이나 진술을 증명하지 못했고 그 사건이 벌금에 관한 것일 경우, 피고발인은 소송상 그 벌금을 얻게 된다고 규정한다.[48]

또한 제127조는 "만약 어떤 사람이 무녀나 타인의 아내에 대하여 비방하고 이를 입증할 수 없다면, 그는 법관 앞에 끌려나오고 그의 이마에 새겨질 것이다"고 규정한다.[49] 여기서 이마에 새겨진 표식에

---

47) 현행 형법 제156조.
48) 반면 John과 Davies의 번역에 의하면, 재판을 유리하게 만들기 위해 증인을 매수하거나 고소인이 입증을 못 하는 경우의 형벌에 관하여 규정한다.

대해 학설이 분분한데, 노예의 표식으로 일반인과 구별되는 머리묶음을 의미한다고 보는 것이 일반적이다.

(6) 판결문변경죄

제5조는 "만약 법관이 사건을 심리·판단한 후 판결문을 송부한 다음, 후에 그의 판결을 변경한다면, 그는 판결문 변경으로 기소될 것이고 소송가액의 12배를 지불해야 한다. 그리고 그는 법관직에서 공공연히 물러날 것이고 결코 법관의 지위에 서지 못하게 될 것이다"고 규정한다.

(7) 군 관련 범죄

함무라비 법전은 군대나 전쟁과 관련하여 발생하는 법적 문제를 광범위하게 다루고 있는 특징이 있다. 여기에서는 형사적인 문제만 다루고 나머지는 뒤에서 다룬다. 제33조는 "만약 사령관 또는 행정관이 군대에 가지 않기 위해 타인의 이름을 등록하고 대신 용병을 보낸다면 사형에 처할 것이다"고 하며, 제34조는 "만약 사령관 또는 행정관이 군인의 재산을 취하거나, 그를 약탈하거나, 그를 노역에 제공하거나, 그를 소송에 세우거나 또는 왕에게 하사받은 물건을 빼앗는다면 그는 사형에 처할 것이다"고 규정하여 대리복무를 처벌하고 군인들의 지위 및 복리를 보장하고 있다.50)

---

49) 여기서 "비방"이란 다른 남성과의 간통을 의미하는 것으로 해석하는 것이 H.131. 및 H.132. 규정의 체계적 해석에 부합한다. 양 규정은 간통으로 고발당한 부녀의 처벌에 관한 규정이다.
50) H.26.도 대리복무에 대한 처벌의 내용을 담고 있다.

(8) 신분질서에 관한 범죄

제282조는 "만약 노예가 그의 주인에게 '당신은 나의 주인이 아니다'고 말한다면, 그들은 그 노예에게 유죄판결 내리고 그의 주인은 노예의 귀를 자를 것이다"고 규정하여 신분질서를 혼란하게 한 노예에게 엄격한 상징형을 가하고 있다. 또한 제226조는 이발사[51] 가 노예 주인의 동의 없이 노예의 표식을 자른다면 이발사의 양손이 잘린다고 규정하며, 제227조는 어떤 사람이 이발사를 기망하여 그로 하여금 노예의 표식을 지우게 하였다면 그는 사형에 처해지며, 이 경우 이발사는 자신이 고의로 그러한 행위를 하지 않았다고 맹세하면 무죄가 된다는 규정이 있다.

(9) 불고지죄

제109조는 "만약 범죄자들이 술집에서 모임을 갖고 있는데, 술집 주인이 이들을 체포하여 법정에 인계하지 않는다면, 술집주인은 사형에 처한다"고 규정한다.

(10) 여사제의 술집 개업 및 출입죄

제110조는 "만약 여사제가 술집을 열거나 음주를 위해 술집에 들어간다면, 그녀는 화형에 처해질 것이다"고 규정한다.

---

51) barber(L. W. King), brander(C. H. W Johns).

제3편 함무라비 법전에서 나타난 재산법 규정

1. 민사에 관한 규정 일반

함무라비 법전은 민사에 관한 규정을 상당수 포함하고 있는데, 그 구성방법에 있어서 현행법처럼 판덱텐(Pandekten) 편별법을 취하고 있지는 않다. 그러나 이해의 편의를 위해서 민사에 관한 규정을 재산법 규정과 가족법 규정으로 나누어 기술한다.

2. 재산법에 관한 구체적 규정

(1) 소유권

메소포타미아 지방에서 고대 초기에는 도시의 신이 모든 토지를 소유하였으며, 우르 왕조에 들어와서 개인의 소유권에 관한 개념이 확립되었다. 그 후 고 바빌로니아 시대에는 더욱 발전하여 물건을 동산과 부동산으로 분류하고 과실이나 이자에 대한 개념이 나타나게 된다.

소유권은 지배권으로서 대내적으로는 세 가지의 권능 즉 사용권, 수익권, 처분권을 갖는데, 이에 관한 내용을 함무라비법에서 찾을 수 있다. 즉 군인의 복리 차원에서 군인에게 지급된 재산은 처분할 수 없는 것이 원칙인데, 예외적으로 특정 상인이나 다른 공무집행인에게 자신의 재산이나 이러한 것에 대한 사용권을 양도할 수 있다고 규정하는 등 소유권의 권능 중 사용권만 별도로 규정하고 있는 조문이 다수 있다.52) 또한 농지·가축·선박 등의 임대차에 관한 규정과 금전소비대차에 관한 규정을 통해 수익권을 파악할 수 있으며, 매매계약, 증여계약, 상속 등을 통하여 소유권의 처분권능을 엿볼 수 있다.

또한 소유권은 지배권으로서 대외적으로는 물권적 청구권을 보유한다. 이러한 물권적 청구권의 하나인 소유물반환청구권이 여러 곳에서 나타난다. 예컨대 점유이탈물횡령죄(제9조)에서 소유자의 권리, 전쟁포로에서 귀환한 자의 점유자에 대한 전답과 과수원의 반환청구권(제27조), 노예매매계약에서 노예 소유자의 반환청구권(제280조) 등의 그 예이다.

마지막으로 당시 왕이 소유하고 있는 토지는 신하들에게 위탁되었던 관계로 신하들은 당해 토지를 함부로 처분할 수 없었다. 이에 대한 규정으로는 왕이 군지휘관에게 하사한 소나 양을 매수한 자는 매매대금을 상실하는 규정(제35조), 군인이나 면역지를 소유하는 자의 재산은 매매의 대상이 될 수 없다는 규정(제36조), 군인이나 면역지를 소유하는 자의 부동산을 매수한 자는 매매대금을 상실하는 규정(제37조), 군인이나 면역지를 소유하는 자는 그의 부동산을 그의 아내 또는 딸에게 증여할 수 없고 채무의 담보로 제공할 수 없다는 규정(제38조)53) 등이 있다.

---

52) H.40., H.178. 등.

53) H.39.에서는 "그러나 그가 매수하여 보유하고 있는 농지, 과수원 또는 가옥은 그의 아내 또는 딸에게 증여할 수 있고 채무의 담보로 제공할 수 있다"고 규정한다. 또한 H.40.에서는 "그는 상인(국가에서 허가한) 또는 다른 공무수행자에게 농지, 과수원 또는 가옥을 매각할 수 있으며, 매수인은 그것을 사용하기 위하여 농지, 과수원 또는 가옥을 점유할 수 있다"고 규정한다.

그 밖에 노예의 소유권과 관련하여, 어떤 자가 외국에서 노예를 매수하였는데, 귀국하여 보니 그 노예가 자국인인 경우, 매수인은 무상으로 그 노예를 주인에게 반환해야 하며(제280조), 반면 매수한 노예가 타국인인 경우, 노예의 주인은 매수인이 매도인에게 지급했다고 맹세하는 매매대금을 지급하고 반환받을 수 있다(제281조).

그리고 현행 민법상 취득시효와 유사한 규정을 발견할 수 있는데, 제30조에서는 "만약 지휘관 또는 병사가 그의 가옥, 과수원 그리고 토지를 방치하였고 누군가가 이러한 것들을 점유하고 3년 동안 사용하였다면, 만약 첫 번째 소유자가 귀환하고 이러한 것들을 반환청구하여도 그에게 귀속되지 않을 것이지만 이를 점유하고 사용했던 자는 그것을 계속 사용할 수 있을 것이다"고 규정한다. 이는 현행 민법상 부동산에 대한 점유취득시효제도와 유사함을 알 수 있다.[54] 그리고 제31조는 "만약 그가 1년 동안 자신의 가옥, 과수원 그리고 토지를 남겨두고 다시 귀환한다면 이러한 것들은 그에게 돌아갈 것이고 그는 다시 이를 인수받을 것이다"고 규정한다. 따라서 부동산에 대한 취득시효기간을 정확하게 알 수 없으나 1년이 경과되면 소유자의 소유권은 상실될 위험성이 크다고 할 것이다.

(2) 계약

함무라비 법전에는 다양한 계약이 규정되어 있으며, 고대 메소포타미아 지역에서 발굴된 많은 점토판의 대부분이 계약을 기록한 것으로 보아 당시 많은 계약이 체결되었음을 알 수 있다. 먼저 함무라비 법전에 기록된 계약을 살펴보면 ① 매매계약 ② 증여계약 ③ 임대차계

---

54) 현행 민법 제245조 제1항.

약 ④ 소비대차계약 ⑤ 신탁계약 ⑥ 운송계약 ⑦ 임치계약 ⑧ 혼인계약 ⑨ 입양계약 ⑩ 의료계약 ⑪ 도급계약 ⑫ 고용계약 ⑬ 용선계약 등 현행 민법상의 계약과 상법상의 계약을 아우르는 많은 계약의 유형이 있다.

현대에 이루어지는 계약은 일반적으로 계약방식의 자유에 따라 서면계약뿐 아니라 구두계약도 유효한 것으로 여겨진다. 그러나 함무라비 법전에서 나타난 계약의 방식은 대부분 서면계약임을 알 수 있다. 이와 같은 서면계약의 원칙은 계약을 확실하고 명확하게 하며, 추후 분쟁에서 증거자료로 제시될 수 있기 때문에 당시 고 바빌로니아인들이 이를 고수한 것으로 보인다. 또한 서면에 의한 계약은 중동지역에서 빈번하게 나타나는데, 로마시대에 구두계약이 원칙이었던 것을 보면 차이가 있다. 당시 계약의 당사자들은 점토판에 계약의 당사자, 목적물, 가격 등을 합의하여 기재한 다음 당사자임을 증명하기 위하여 각자의 원통인장이나 인장반지를 사용하여 날인하였다. 그리고 이를 점토봉투에 보관하였으며, 이러한 점토봉투의 겉면에 개략적인 계약의 내용을 기재하였다.

이처럼 계약은 요식계약이 원칙이었으며, 경우에 따라서는 증인이 계약의 유효한 성립요건이 되는 경우도 있었다.[55] 제122조는 "만약 어떤 사람이 다른 사람에게 보관을 위하여 은, 금 또는 그 밖의 물건을 인도한다면, 그는 몇몇 증인들에게 모든 임치물을 보여주고 계약서를 작성해야 하며, 그 후 안전한 보관을 위해 임치물을 인도해야 한다"고 하여 임치계약이 성립하기 위해서는 증인의 출석과 계약서의 작성이 필요함을 명시하고 있다. 또한 제123조에서는 위와 같은 유효요건을 충족하지 못한 경우, 만약 수치인이 임치물을 수령

---

55) 그 밖에 H.7.

한 사실을 부정한다면 임치인은 법적인 구제를 받지 못함을 규정하고 있다. 그 밖에 금전소비대차계약과 관련하여 제100조에서는 차주가 대주에게 지급해야 할 날짜를 기록한 증서를 지급해야 한다고 규정하여 역시 서면에 의하도록 하고 있다.

(3) 매매계약

매매계약이란 당사자 일방이 재산권을 상대방에게 이전할 것을 약정하고 상대방이 그 대금을 지급할 것을 약정함으로 성립하는 계약이다.[56] 매매계약을 체결하면, 매도인에게는 재산권 이전의무, 담보책임이 매수인에게는 대금지급의무가 발생한다. 함무라비 법전에서는 매매계약을 일반적으로 인정하는 규정은 없지만 다양한 물건에 대한 매매계약을 인정하고 있다. 이와 관련하여 관심을 갖고 고찰할 부분은 바로 담보책임에 관하여 규정하고 있는 제278조와 제279조이다. 그 내용을 살펴보면, 먼저 제278조에서 "만약 어떤 사람이 남자노예 또는 여자노예를 매수하고 1개월이 지나기 전에 간질[57] 증상이 나타난다면, 그는 매도인에게 그 노예를 반환하고 그가 지불했던 금전을 수령할 것이다"고 규정한다. 이는 매매대금과 (건강한) 노예의 등가성이 깨졌기 때문에 인정되는 하자담보책임을 명시하고 있는 것이다.[58] 또한 제279조는 "만약 어떤 사람이 남자노예 또는 여자노예를 매수하였는데, 제3자가 이들에 대한 권리를 주장한다면, 매도인은 그 청구에 대하여 책임이 있다"고 하여 추탈담보책임을 명

---

56) 현행 민법 제563조.

57) "benu-disease"(L. W. King).

58) 현행 민법 제580조 매도인의 하자담보책임과 유사하다. 그 효과로서 계약을 달성할 수 없는 경우에 계약을 해제할 수 있으며 기타의 경우에는 손해배상만을 청구할 수 있다.

시하고 있다.[59]

(4) 소비대차계약

소비대차계약이란 당사자 일방이 금전 기타 대체물의 소유권을 상대방에게 이전할 것을 약정하고 상대방은 그와 같은 종류, 품질 및 수량으로 반환할 것을 약정함으로써 성립하는 계약이다.[60] 함무라비 법전에서 소비대차계약과 관련하여 중요한 점은 경제적 약자를 보호하는 다양한 제도를 규정했다는 것이다. 이는 함무라비 석주의 전문과 후문에 명시된 입법의 이념적 기초인 사회적 약자보호에 입각한 것으로 판단된다. 그 구체적인 예를 살펴보면 다음과 같다.

제48조는 "만약 어떤 사람이 소비대차계약에 의해 채무를 부담하고 폭풍이 곡식을 넘어뜨리거나 곡식이 물 부족으로 성장하지 않는다면, 그 해에 차주는 대주에게 아무런 곡식을 제공할 필요가 없고 그는 물로써 그의 채권증서를 씻을 수 있으며 그 해에 이자도 지급할 필요가 없다"고 규정한다. 위 규정은 소비대차계약에서 차주의 대여금 반환의 기초가 되는 농사의 수확물이 자연재해로 수확량이 감소하거나 없을 경우 채무자를 보호하기 위한 규정이다. 왜냐하면 당시 채무를 변제하지 않으면 채무노예가 될 가능성이 있었기 때문이다. 여기서 채무노예에 관한 규정을 살펴보면, 제117조에서 "만약 어떤 사람이 채무를 변제하지 않는다면, 그 자신, 그의 아내, 그의 아들과 딸을 금전을 위해 매각하거나 그들을 강제노동을 위해 보낸다면, 그들은 그들을 데리고 간 사람 또는 사업주의 집에서 3년 동

---

59) 현행 민법 제570조 타인물건에 대한 매도인의 담보책임에 견주어볼 수 있다.

60) 현행 민법 제598조.

안 일하고 4년째 해방될 것이다"고 규정한다. 즉 채무자가 채무를 변제하지 못한 경우 자신 또는 가족이 채무노예가 될 수 있으나 이런 경우에도 그들을 보호하기 위해 3년 동안만 노동을 통해 채무를 변제하도록 함으로써 함무라비 법전의 사회적 약자보호 사상을 엿볼 수 있다.[61] 그 밖에 금전소비대차에서 차주가 대주에게 미경작지를 담보로 제공하고 그곳에서 수확된 농작물로 금전을 대신 변제할 수 있다는 규정(제49조), 차주가 대주에게 이미 농작물이 성장한 경작지를 담보로 제공한 경우에 관한 규정(제50조), 차주가 변제할 금전이 없는 경우 차주는 금전 대신 시가에 따른 농작물을 지급하고 이자는 법에서 정한 이자만 지급한다는 규정(제51조), 경작자가 옥수수나 참깨를 경작하지 않는 경우 계약의 효력에 관한 규정(제52조)이 있다.

(5) 임대차계약

임대차계약이란 당사자 일방이 상대방에게 목적물을 사용, 수익하게 할 것을 약정하고 상대방이 이에 대하여 차임을 지급할 것을 약정함으로써 성립하는 계약이다.[62] 이러한 임대차계약은 함무라비 법전에서 많은 부분을 차지하고 있다.

가. 농경지에 대한 임대차

제42조는 "만약 어떤 사람이 농경지를 경작하기 위해 인도받고

---

61) 그 밖에 채무노예에 관한 규정으로는 H.118.과 H.119.가 있다.
62) 현행 민법 제618조.

그곳으로부터 어떠한 수확을 얻지 못했는데 그가 그 농경지에서 일하지 않았음이 증명되었다면, 그는 농경지의 소유자에게 그의 이웃의 수확량만큼의 곡물을 인도해야 한다." 또한 제43조는 "만약 그가 농경지를 경작하지 않고 그것을 휴경지로 남겨두었다면, 그는 농경지의 소유자에게 그의 이웃의 수확량만큼의 곡물을 인도해야 하고 그는 그 휴경지를 쟁기질하고 씨를 뿌린 후 소유자에게 반환해야 한다"고 규정하여, 상황에 따라 다른 법률효과를 인정하고 있다.

그 밖에 확정된 차임을 받는 농경지 임대차의 경우 차임을 받았지만, 나쁜 날씨 때문에 수확량이 감소한 경우 그 손해는 경작자에게 돌아간다는 규정(제45조)과 확정된 차임이 없는 농경지 임대차의 경우 차임을 반 또는 3분의 1로 약정한 경우, 수확물을 경작자와 경작지 소유자가 약정에 따라 배분한다는 규정(제46조)이 있다. 양 규정을 종합적으로 해석해보면, 당시 농경지에 대한 차임은 선지급되었으며, 이러한 경우 수확물은 경작자가 모두 보유하므로 기상악화로 인한 손해는 경작자에게 돌아가게 되며, 만약 선지급되지 않은 경우에는 약정된 대로 양 당사자가 수확물을 나눠 갖게 된다고 해석된다. 또한 첫 해에 수확이 좋지 못했기 때문에 경작지를 전대한 경우 임대인은 이의를 제기하지 못하며 약정에 따라 수확물을 나눠 갖는다고 한다(제47조).[63]

나. 과수원에 대한 임대차

함무라비 법전에는 과수원의 임대차에 대한 자세한 내용이 규정

---

63) 현행 민법 제629조에서는 임대인의 동의 없는 전대를 금지하며, 이를 위반한 경우 계약해지권을 인정한다.

되어 있는데, 과수원을 임대한 경우 4년 동안 작물을 재배하면 5년째 수확물을 임대인과 임차인이 나누게 되며, 이때 임대인이 가져가는 작물은 차임이라는 규정(제60조), 과수원 임차인이 경작을 완료하지 못한 경우 남겨진 부분에 해당하는 수확량은 그의 몫이 된다는 규정(제61조), 과수원 임차인이 그에게 맡겨진 농사를 완료하지 못한 경우, 만약 그 농지가 옥수수나 참깨를 경작할 수 있는 토지라면 임차인은 이웃 토지의 소출에 비례하여 임대인에게 그 토지를 방치했던 기간만큼의 산출물을 지급해야 하며 그 토지를 경작 가능한 상태로 만들고 이를 임대인에게 반환해야 한다는 규정(제62조), 임차인이 황무지를 경작 가능한 토지로 개간했을 경우의 비용청구에 관한 규정(제63조), 경작인이 타인의 토지를 점유하고 있는 동안, 산출물의 3분의 2는 소유자에게 3분의 1은 경작인에게 속한다는 규정(제64조), 과수원의 임차인이 게을러 소출이 감소한 경우, 임차인은 다른 이웃 과수원의 산출물에 해당하는 것을 지급해야 한다는 규정(제65조) 등이 있다.

다. 가축의 임대차

함무라비 법전에는 소, 당나귀, 양, 염소 등과 같은 가축에 관한 많은 규정을 두고 있다. 쟁기를 끌기 위한 소를 1년간 임차한 경우의 차임(제242조), 소몰이꾼의 보수에 관한 규정(제243조), 황소의 다리가 부러지거나 목의 인대가 끊어진 경우 임차인의 책임(제246조), 황소의 눈을 상하게 했을 때의 임차인의 책임(제247조), 황소의 뿔이나 꼬리 또는 그것의 주둥이를 상하게 했을 때의 임차인의 책임(제248조), 탈곡을 위해 황소를 임차한 경우의 차임(제268조), 탈곡을 위해 당나귀를 임차한 경우의 차임(제269조), 탈곡을 위해 작은 동물을 임차한 경우의 차임(제270조), 황소와 수레 그리고 소몰이꾼을 임차한 경우의 차임(제271조), 수레만 임차한 경우의 차임(제272조) 등이 그 예이다.

제244조는 "만약 어떤 사람이 황소 또는 당나귀를 임차했는데 사자가 들판에서 그것을 죽였다면, 그 손해는 그것의 소유자에게 있다"고 하며, 제249조는 "만약 어떤 사람이 황소를 임차하였고 신(神)이 그것을 때려 죽게 하였다면, 임차인은 신에게 맹세할 것이고 그러면 무죄로 여겨질 것이다"고 규정한다. 또한 제250조는 "만약 황소가 길을 지나고 있는데, 어떤 사람이 그것을 밀어서 죽게 했다면, 소유자는 임차인에 대하여 어떠한 소송도 제기할 수 없다"고 한다. 그리고 제245조는 "만약 어떤 사람이 황소들을 임차하고 그것들을 학대나 구타하여 죽게 한다면, 그는 소유자에게 황소로 배상해야 할 것이다"고 규정한다. 위의 규정들을 보면, 당시 고 바빌로니아인들이 임대차와 관련하여 임차인의 고의 또는 과실에 의해 목적물이 멸실된 경우와 그렇지 않은 경우를 구별하여 규정하고 있는 것은 과실책임주의에 입각한 우리 민법의 태도와 같다.

라. 선박의 임대차

함무라비 법전에는 선박의 임대차 즉 용선계약이 등장한다. 예컨대 나룻배를 임대한 경우 하루의 차임에 관한 규정(제275조), 화물선을 임대한 경우 하루의 차임에 관한 규정(제276조), 60귀르의 선박을 임대한 경우 하루의 차임에 관한 규정(제277조)이 있다.

(6) 임치계약

임치계약이란 당사자 일방이 상대방에 대하여 금전이나 유가증권 기타 물건의 보관을 위탁하고 상대방이 이를 승인함으로써 성립하는 계약이다.[64] 앞에서 임치계약은 증인과 계약서가 필요한 요식행위임을 살펴보았다. 함무라비법 제120조는 "만약 어떤 사람이 다른 사람의 집에 안전한 보관을 위해 옥수수를 맡겼는데 창고에 있던 옥수수에 어떤 해가 발생하거나, 만약 그 집의 소유자가 곡물창고를 열고 옥수수의 일부를 가져갔거나, 만약 그가 자신의 집에 보관되어 있던 옥수수에 대해 부정한다면, 옥수수의 소유자는 그의 옥수수에 대해 신 앞에 맹세를 하고 그 집의 소유자는 그가 가져간 모든 옥수수를 반환해야 할 것이다"고 하여 수치인의 임치물 보관의무를 규정하고 있다. 그 밖에 옥수수의 보관비용에 관한 규정(제121조), 임치계약의 방식에 관한 규정(제122조), 방식을 위반한 경우의 효과(제123조), 안전한 보관을 위해 임치물을 운송한 자의 책임(제124조)에 관한 규정이 있다.

임치계약에서 흥미로운 규정으로 제125조 전단은 "만약 어떤 사람이 안전한 보관을 위하여 다른 사람에게 그의 재산을 맡겼는데, 그곳에서 도둑이나 강도가 들어 그의 재산과 다른 사람의 재산이 사라진 경우, 그러한 손실이 발생하는 데 과실이 있는 그 집의 소유자는 그에게 맡겨진 물건의 소유자에게 보상해야 한다"고 하며 후단은 "그러나 그 집의 소유자는 도둑을 추적하여 그의 재산을 회복하고 그로부터 그것을 탈환할 수 있다"고 규정한다. 위 규정을 통해서 추측할 수 있는 것은 당시 다른 사람의 물건을 안전하게 보관해주는

---

64) 민법 제693조.

전문적인 직업이 있었다는 것과 현행 민법과 같은 자력구제가 인정되었다는 것이다.[65]

(7) 고용계약

고용계약이란 당사자 일방이 상대방에 대하여 노무를 제공할 것을 약정하고 상대방이 이에 대하여 보수를 지급할 것을 약정함으로써 발생하는 계약이다.[66] 함무라비법 제273조에서는 "만약 어떤 사람이 일일노동자를 고용한다면, 그는 새해부터 다섯 번째 달(4월부터 8월, 이 기간은 하루가 길고 노동이 힘들다)까지는 매일 6게라[67]의 금전을 여섯 번째 달부터 그 해의 마지막까지는 하루에 5게라를 지급해야 한다"고 하며, 제274조는 "만약 어떤 사람이 숙련공을 고용한다면, 그는 …… 은 5게라를 임금으로 지급해야 하며, 벽돌공에게는 5게라를, 재단사에게는 5게라를, …… 제조자에게는 은 …… 게라를 지급해야 할 것이다"고 규정한다. 위 규정을 통해 당시의 다양한 직업군을 확인할 수 있고 또한 임금을 작업강도에 따라 탄력적으로 규정한 것은 상당히 합리적인 입법으로 보인다.

그 밖에 목축과 관련된 규정도 많이 발견할 수 있는데, 소나 양을 치기 위해 고용된 목동의 보수에 관한 규정(제261조), 목동이 소나 양을 죽였을 경우의 책임(제263조), 목동이 약정된 보수를 받고 소나 양의 수를 감소시키거나 출산율이 하락한 경우의 책임(제264조), 목동이 증가된 소나 양의 수를 기망하거나 이것들을 매각한 경우 10배

---

65) 현행 민법 제209조는 점유자의 자력구제에 대하여 규정한다.

66) 현행 민법 제655조.

67) gerah(게라)는 고대 히브리의 무게나 통화의 단위로서, 20분의 1 세켈(shekel)을 의미한다.

의 배상책임(제265조), 신에 의해 우리에서 죽거나 사자가 죽인 경우, 신 앞에 맹세를 통해 손해배상을 면할 수 있다는 규정(제266조), 목동이 과실로 우리에서 소나 양을 죽인 경우의 배상책임(제267조)이 그 예이다.

(8) 도급계약

도급계약이란 당사자의 일방이 어느 일을 완성할 것을 약정하고 상대방이 그 일의 결과에 대하여 보수를 지급할 것을 약정함으로써 성립하는 계약이다.[68] 함무라비 법전에는 건물의 건축에 대한 도급계약, 선박제조에 관한 도급계약, 농지개간에 관한 도급계약 등이 발견된다.

가. 건축에 대한 도급계약

먼저 건물의 건축과 관련된 도급계약을 살펴보면, 건축가가 타인의 집을 완성한 경우 일정한 면적에 따른 보수의 지급에 관한 규정(제228조), 건축가가 완성한 집이 무너져 집주인이 사망하였다면 건축가도 사형에 처한다는 규정(제229조), 집이 무너져 집주인의 아들이 사망하였다면 건축가의 아들도 사형에 처한다는 규정(제230조), 집이 무너져 집주인의 노예가 사망하였다면 건축가는 다른 노예를 제공해야 한다는 규정(제231조), 집이 무너져 물건이 훼손된 경우의 책임(제232조 전단) 등이 있다. 그 밖에 제232조 후단은 집이 무너진 경우 건축가가 자신의 비용으로 그 집을 재건축해야 한다고 규정

---

68) 민법 제664조.

하며, 제233조는 건축가가 집을 완성하지 못한 경우 그 자신의 비용으로 벽을 견고하게 할 것을 규정함으로써 수급인의 하자보수에 관한 내용을 담고 있다.[69]

나. 선박제조에 대한 도급계약

메소포타미아 지방은 두 개의 강과 페르시아 만(灣)이 있었던 관계로 해상운송이나 선박 및 선원에 관한 규정이 상당수 있다. 예컨대 제234조는 "만약 선박제조자가 다른 사람을 위하여 60귀르[70]의 배를 건조(建造)한다면 2세켈의 금전을 지급해야 한다"고 하여 배에 대한 건조비용을 명시하고 있다. 또한 제235조는 "만약 선박제조자가 다른 사람을 위하여 배를 건조하였는데 방수가 되지 않는 경우, 만약 그해 동안 그 배가 항해를 나가 피해가 발생한다면, 선박제조자는 그 배를 그곳으로부터 가져와서 자신의 비용으로 방수처리를 해야 한다. 그는 방수처리가 된 배를 선주에게 인도해야 한다"고 하여 선박제조자의 하자보수책임을 1년 동안 인정하고 있다.

다. 농지개간에 대한 도급계약

고 바빌로니아는 주로 농업과 목축업이 주된 생산기반인 관계로 농업과 목축업에 관한 많은 규정이 발견되는데, 여기에서는 농지와 관련된 도급계약을 살펴본다. 제254조는 "만약 그가 씨앗을 가져가고 또한 황소를 가지고 경작을 하지 않는다면, 그는 씨를 뿌려 수확

---

69) 현행 민법 제667조.

70) gur(귀르)는 메소포타미아 지역에서 곡식을 세는 단위를 말한다. 따라서 60귀르의 선박이란 그만큼의 곡식을 운송할 수 있는 배를 의미한다.

할 수 있는 곡식의 양만큼을 배상해야 할 것이다"고 규정한다. 이 규정을 해석하면, 당시에 자신(도급인)의 토지경작을 위해 상대방(수급인)에게 씨앗과 황소를 제공하고 이를 사용하여 토지를 경작하게 하는 계약이 있었는데, 이러한 물건을 제공받고 자신의 채무를 이행하지 않은 수급인의 책임을 규정하고 있는 것이 제254조이다.[71]

(9) 의료계약

함무라비 법전에는 사람의 치료나 수술뿐 아니라 동물치료에 관한 내용이 포함되어 있다. 제215조는 "만약 의사가 수술용 칼을 가지고 큰 절개수술을 하고 그를 치료하였거나 그가 수술용 칼을 가지고 눈에 있는 종기를 제거하여 그의 눈을 완치했다면, 그는 10세켈의 금전을 받게 될 것이다"고 하며, 제221조는 "만약 의사가 골절된 뼈를 치료하거나 병든 장기를 치료한다면, 환자는 5세켈의 금전을 지급해야 할 것이다"고 규정한다. 그런데 이러한 규정에 있어서 흥미로운 점은 사회적 신분에 따라 치료비도 다르게 책정되었다는 점이다. 즉 수술의 대상이 평민이면 5세켈(제216조), 수술의 대상이 누군가의 노예이면 노예의 주인이 의사에게 5세켈의 치료비를 지급하도록 규정하고 있다(제217조). 또한 평민의 뼈나 장기를 치료하였다면 5세켈(제222조), 치료의 대상이 누군가의 노예이면 노예의 주인이 의사에게 2세켈의 치료비를 지급하도록 하였다(제223조). 따라서 제215조와 제221조는 환자가 자유인인 경우에 적용되는 규정으로 볼 수 있다.

그 밖에 함무라비 법전의 규정을 통해, 당시 가축을 치료하는 수

---

71) 이 규정은 H.253. 및 H.255.와 관련되어 있다.

의사가 있었다는 것을 알 수 있다. 즉 제224조는 "만약 수의사가 당나귀나 황소에 대해 어려운 수술을 시행하고 그것을 치료한 경우, 그 가축의 소유자는 6분의 1세켈을 치료비로 지급할 것이다"고 규정한다.

(10) 그 밖의 계약

함무라비법 제102조는 "만약 상인이 일정한 투자를 위하여 중개인에게 금전을 맡기고 그 중개인이 투자한 곳에서 손실을 봤다면 중개인은 상인에게 원금을 반환해야 할 것이다"고 하며, 제103조에서는 "만약 그가 여행 도중에 도적으로부터 그가 받았던 것을 빼앗긴 경우, 그 중개인은 신 앞에 맹세하고 채무로부터 자유로워질 것이다"고 규정한다. 또한 위와 같은 계약을 체결할 경우 상인과 중개인 사이에 일정한 영수증을 발행하도록 하는 규정(제104조), 이러한 영수증을 챙기지 못한 경우 중개인의 불이익을 명시하는 규정(제105조), 상인이 중개인에게 맡긴 금전에 관하여 생긴 분쟁의 해결에 관한 규정(제106조), 중개인이 상인에게 물건을 반환했는데, 이를 상인이 부정한 경우에 관한 규정(제107조)이 있다. 이러한 규정에서 당시 대부분의 계약은 문서로 이루어졌으며, 이를 통해 분쟁이 해결되었음을 알 수 있다.

(11) 불법행위

함무라비 법전은 이상에서 살펴본 약정채권관계와 더불어 법정채권관계인 불법행위에 대하여 규정하고 있다. 불법행위란 고의 또는 과실로 인한 위법한 행위로 타인에게 손해를 가한 경우를 말하며, 불법행위의 효과로서 피해자는 가해자에게 손해배상을 청구할 수 있는 권리를 취득하게 된다.[72]

재산상 손해에 대한 불법행위에 관한 규정으로는 목초지 소유자의 동의를 얻지 않고 목초지에서 방목한 경우 목동의 책임(제57조), 야간에 방목한 목동의 책임(제58조), 과수원 소유자의 동의 없이 수목을 벌목한 경우의 책임(제59조) 등이 있다. 또한 수의사가 당나귀 또는 황소를 수술하던 중 죽게 한 경우 그 가치의 4분의 1을 배상하도록 규정한다(제225조). 그 밖에 흥미로운 규정인 제240조는 "만약 상선이 정박 중인 나룻배와 충돌하여 나룻배가 침몰하였다면, 침몰한 배의 선주는 신 앞에서 멸실된 것을 맹세하고 상선의 선주는 멸실된 물건과 배에 대한 배상을 해야 한다"[73]고 규정한다. 이 규정을 통해 당시 강이나 바다를 통한 해상무역이 활발하게 이루어졌던 것으로 생각되며, 이에 따른 선박 간의 충돌에 대하여도 자세한 규정을 두고 있다. 그리고 특수한 불법행위의 유형인 동물점유자의 책임과 같은 규정도 눈에 띤다.[74] 즉 제251조는 "만약 황소가 들이박는 습성이 있고 사람들이 이것을 황소의 소유자에게 알려줬음에도 소유자가 황소의 뿔을 묶거나 가둬두지 않아 황소가 사람을 들이박아

---

72) 현행 민법 제750조부터 제766조까지가 불법행위에 관한 규정이다.

73) 다른 번역본에 의하면, 운행 중인 선박이 정박 중인 선박을 난파하게 한 경우로 되어 있다 (Robert 1904).

74) 현행 민법 제759조.

그가 사망한다면, 그 소유자는 2분의 1미나를 금전으로 배상해야 한다"고 규정한다.

그리고 과실로 자신의 댐을 적절하게 관리하지 못한 결과 수해가 발생한 경우 손해를 입은 옥수수 경작자들에 대한 책임(제53조), 만약 손해배상을 하지 못한다면 댐 관리자와 그의 소유물을 매각하여 피해자인 경작자들이 나눠 갖는다는 규정(제54조), 자신의 농사를 위해 관개수로를 개방하다 과실로 그 이웃 경작지에 수해가 발생한 경우 책임에 관한 규정(제55조), 물을 대면서 이웃 경작지에 수해를 입힌 경우 책임에 관한 규정(제56조) 등 농사에 필요한 물에 의한 손해에 관한 다양한 규정이 발견된다.

생명 및 신체의 손해에 대한 불법행위에 관한 규정으로는 의사가 수술용 칼로 수술을 하던 중 환자가 사망하거나 실명하게 한 경우, 의사의 손목을 자른다는 규정(제218조), 의사가 수술용 칼로 수술을 하던 중 평민의 노예를 사망하게 한 경우 다른 노예로 배상해야 한다는 규정(제219조), 의사가 수술용 칼로 종기를 제거하다 실명하게 한 경우 그의 가치의 절반을 배상해야 한다는 규정(제220조)이 있다. 이러한 규정은 현대형 불법행위에서 다루어지는 의료과오에 관한 내용으로 엄격한 상징형과 피해자의 신분에 따라 배상의 방법이 상이했다는 것을 알 수 있다.

(12) 권리의 구제

함무라비 법전에는 권리 침해의 경우에 권리자 자신이 직접 침해된 권리를 회복하는 것이 다양한 규정을 통해 나타난다. 이는 형법상의 범죄뿐 아니라 민사상의 권리침해에서도 찾아볼 수 있다. 제

115조는 "만약 어떤 사람이 다른 사람에 대하여 곡식이나 금전에 대한 권리를 주장하고 그를 투옥하였는데, 그가 그곳에서 자연사한다면 이 사건에 대하여는 묻지 않는다"고 하며, 제116조는 "만약 투옥된 자가 폭행 또는 학대에 의해 사망한다면, 투옥된 자의 주인은 투옥한 자를 유죄판결을 받게 할 수 있다. 만약 사망한 자가 자유인의 자녀라면 투옥한 자의 자녀는 죽음에 처하게 될 것이고 만약 그가 노예라면 투옥한 자는 은 3분의 1미나를 지급해야 한다. 그리고 그가 지급했던 대여금은 몰수당하게 될 것이다"고 규정한다. 위와 같은 규정에서 알 수 있는 것은 고 바빌로니아에서는 현대국가에서 허용되지 않는 인적집행을 허용했다는 것이다. 즉 현대국가에서는 채무자가 자신의 채무를 이행하지 않더라도 그 사람의 책임재산에 집행을 하는 물적 집행만이 인정됨에 반하여 당시에는 채무자 자신이나 그의 가족에게 유형력을 행사함으로써 채권의 만족을 얻는 것을 허용했다는 것이다. 그러나 금전채권관계에 있어 금전을 빌려준 채권자는 자신의 권리를 실현하기 위해 공력구제가 아닌 사력구제의 한 방법으로 채무자를 자신의 감옥에 감금함으로써 채무자에게 압박을 가할 수 있었지만, 법은 이러한 경우라도 채무자를 폭행하거나 학대하는 것을 금지함으로써 그들의 인권을 보호하고 있다는 점에서 사회적 약자보호라는 함무라비 법전의 입법취지를 엿볼 수 있다고 할 것이다.

제4편 함무라비 법전에서 나타난 가족법 규정

1. 가족법에 관한 규정 일반

함무라비 법전은 총 282개의 조문으로 구성되어 있는데, 대부분이 민사에 관한 규정이며 그중에서도 4분의 1 정도가 가족법에 관한 규정이다. 일반적으로 가족법은 크게 친족법과 상속법으로 양분된다. 전자는 혼인, 이혼, 입양, 파양 등에 대하여 후자는 상속에 대하여 규정하는데, 함무라비 법전도 이러한 내용에 대하여 자세한 규정을 두고 있다. 이처럼 가족법에 관하여 자세한 내용을 둔 이유는 당시 주변국을 통일하고 국가의 기틀을 확립하는 과정에서 중요한 것이 바로 가정이라고 생각했기 때문이다. 즉 작은 하나의 사회로서 가정이 바로 서는 것이 사회질서 및 국가의 존립과 밀접한 연관이 있다고 생각한 것 같다.

가족법에 관한 규정들을 종합해볼 때, 당시 고 바빌로니아의 가정에서 남편의 지위는 아내와 비교할 때 비교적 우위에 있었던 것으로 파악된다. 즉 남편이 집안의 가장으로서 상당한 권한을 가지고 있었기 때문에 가부장적인 사회였다고 볼 수 있으나 다른 법제와 비교해 보면 가장의 권리는 상대적으로 약화된 모습이었다고 할 수 있다. 예컨대 고대 로마의 시민법인 십이표법(十二表法)에서 나타난 가장의 모습은 가부장적인 요소의 극한을 보여주는 여러 가지 권리, 즉 자녀의 생사여탈권, 매각권 등을 보면 이러한 사실을 알 수 있다. 아무튼 고 바빌로니아인들은 완화된 가부장적인 요소와 더불어 여성에게 재산권, 상속권, 이혼권 등을 인정함으로써 그들에게 비교적 높은 지위를 부여한 것으로 이해된다.

이하에서는 먼저 친족법에 관한 내용을 살펴본 다음 상속법에 관한 내용을 차례로 기술한다.

2. 가족법에 관한 구체적 규정

(1) 약혼

가. 약혼계약

약혼이란 장차 혼인하기로 하는 당사자 사이의 약정을 말하는데,[75] 함무라비 법전을 통해 당시 약혼이 존재했음을 알 수 있다. 그리고 메소포타미아 지방의 풍속에 따르면, 신부는 통상 10대에 약혼한 다음 1년 정도 자신의 집에 머물다가 남편의 집에 들어간 것으로 보인다. 그런데 현행법과 크게 다른 점은 약혼의 당사자에 있어서 장차 혼인을 하게 될 자가 약혼계약에 당사자로 참여하는 것이 아니라 남편이 될 사람의 아버지와 아내가 될 사람의 아버지의 합의에 의해 약혼이 이루어졌다는 점이다. 따라서 정확하게 표현하면 이는 약혼이 아니라 정혼이라고 할 수 있다.[76]

---

75) 현행 민법 제800조부터 제806조까지 규정되어 있다.
76) 정혼(定婚)이란 약혼을 대리하는 것이다.

나. 매매혼인

또한 당시의 약혼에는 매매혼인의 흔적을 찾아볼 수 있다. 물론 현대에도 이러한 매매혼인을 어렵지 않게 찾아볼 수 있지만, 우리 민법은 이러한 규정을 두지 않는다. 그 구체적인 내용으로 약혼의 경우, 남편이 될 사람은 아내가 될 사람에게 약혼선물과 신부대금을 지급하였는데, 여기서 약혼선물은 일종의 결혼 준비금이며, 신부대금은 신랑이 약혼 시에 신부의 아버지 즉 장인에게 지급하는 금전으로 이는 신부를 얻는 대가이다. 이러한 내용은 파혼에 대한 제159조부터 제161조를 통해 알 수 있다. 제159조는 "만약 어떤 사람이 (장래에 있어서) 그의 장인집에 약혼선물과 신부대금을 지급한 다음, 다른 여성을 생각하고 장인에게 '나는 당신을 딸을 아내로 맞이할 수 없습니다'라고 말한다면, 약혼녀의 아버지는 그가 가져온 모든 것을 갖게 될 것이다"고 규정한다. 즉 장래 남편이 될 자의 일방적인 파혼에 대하여 일종의 손해배상을 인정한 것이다.[77] 이와 반대로 제160조는 "만약 어떤 사람이 그의 장인집에 약혼선물과 신부대금을 지급했는데, 그 후 장인이 '나는 너에게 내 딸을 줄 수 없다'고 한다면 장인은 그가 받았던 모든 것을 반환해야 할 것이다"고 하여 신부측의 일방적인 파혼에 대하여 규정하고 있다. 그런데 여기서 특이한 점은 신부 측의 파혼에 대한 손해배상책임이 반대의 경우와 동일하다는 것이다.[78]

그 밖에 파혼과 관련하여 흥미로운 규정이 있는데, 제161조는 "만

---

77) 현행 민법 제806조에서는 약혼의 해제와 관련하여 과실 있는 상대방에게 손해배상청구권을 행사할 수 있음을 규정한다.

78) Harper(1903)에 의하면 이러한 경우 장래 신부의 아버지가 반환해야 할 것은 수령한 것의 2배라고 번역한다.

약 어떤 사람이 그의 장인집에 약혼선물과 신부대금을 지급했는데, 그 후 그의 친구가 그를 비방하였고, 이에 장인이 '너는 내 딸을 데리고 갈 수 없다'고 한다면 그는 지급했던 모든 것을 반환받지만,[79] 그 친구는 그녀와 혼인할 수 없다"고 규정한다. 이를 통해 당시 특정 여성과 혼인하기 위하여 그녀의 약혼자를 비방하여 파혼에 이르게 하고 자신이 혼인하려고 했던 상황이 자주 발생했기 때문에 이러한 입법이 이루어진 것으로 생각한다.

(2) 혼인

가. 혼인계약

혼인은 부부관계를 형성하려고 하는 당사자들의 합의와 혼인신고로 이루어지는 가족법상의 계약이며, 이러한 혼인을 통해 당사자들에게는 법에서 규정한 다양한 권리와 의무가 발생한다.[80] 혼인과 관련하여 제128조는 "만약 어떤 사람이 아내를 맞이하면서 그녀와 계약서를 작성하지 않는다면, 이 여자는 아내가 아니다"고 한다. 이 규정의 의미는 혼인을 계약의 일종으로 보면서 일정한 방식이 필요한 요식계약으로 파악했다는 점이다. 당시 혼인신고를 접수하고 관리하는 기관이 없었기 때문에 혼인 시에 계약서를 작성하게 함으로써 그 신분관계를 명확하게 하려 했던 것으로 보인다.

---

79) 이 경우에도 Harper에 의하면 2배의 반환이다.

80) 현행 민법 제807조부터 제833조까지 혼인에 대하여 규정하고 있다.

나. 일부일처제

혼인과 관련하여 당시 일부일처제가 유지되었는가에 관하여는 논의가 필요하다. 하지만 결론부터 말하자면, 당시 엄격하지는 않았지만 일부일처제가 유지된 것으로 생각된다.[81] 이에 대한 근거로 제145조는 "만약 어떤 사람이 아내를 얻었는데, 그녀가 자녀를 출산하지 못하여 첩을 얻기로 결심하였다면; 만약 그가 첩을 얻어 자신의 집에 들이더라도 그 첩은 그의 아내와 동등한 지위에 서지 못할 것이다"고 한다. 물론 또 다른 견해에 의하면 위 규정에서 '첩'을 '다른 아내'로 번역하기도 하지만,[82] 본처와 후처 또는 첩의 관계가 동일하지 못하다는 점을 고려할 때 일부일처제가 원칙이었던 것으로 파악하는 것이 논리적이다. 또한 본처가 출산하지 못한 경우 자신을 대신하여 여종을 남편과 동침하게 할 수 있었는데, 이러한 규정도 일부일처제의 근거가 된다. 즉 제146조는 "만약 어떤 사람이 아내를 얻었고 (그 아내가 출산을 하지 못하여) 그녀가 남편에게 여종을 동침하게 하여 여종이 남편의 아이를 출산한 다음, 여종이 그녀의 여주인과 동등해지려고 한다면, 그녀의 여주인은 여종이 남편의 아이를 출산한 관계로 매각할 수는 없지만 그 여종을 여전히 하녀로서 취급할 것이다"고 하며,[83] 제147조는 "만약 그녀가 아이를 출산하지 못한다면, 여주인은 그녀를 매각할 것이다"고 규정한다. 이러한 규정들을 볼 때, 출산을 위해 축첩하는 것은 허용되었지만 그렇다고 하여 첩이 아내가 될 수는 없었던 관계로 일부일처제가 유지되었다

---

81) 현행 민법 제810조는 중혼을 금지하고 있다.

82) King(p.48)은 "another wife", "this second wife"로 번역한다.

83) 이는 구약성경에 나오는 아브라함과 사라 그리고 그녀의 여종인 하갈의 이야기와 정확하게 일치한다(창세기 16장).

고 해석하는 것이 옳다.

다. 혼인의 일반적 효과

현행 민법상 혼인관계가 성립되면, 당사자들에게는 일반적 효과로서 동거의무, 협조의무, 부양의무, 정조의무 등이 발생된다.[84] 먼저 혼인의 일반적 효과와 관련하여, 제148조는 "만약 어떤 사람이 아내를 맞이하였는데, 그녀가 병에 걸린 다음 그가 두 번째 아내를 얻으려고 병든 아내를 쫓아내지 못할 것이다. 다른 한편, 그녀는 그가 지은 집에서 거주할 것이고 그는 그녀가 살아 있는 동안 그녀를 돌봐야 할 것이다"고 하는데, 이 규정에서 동거의무, 부양의무 등을 도출할 수 있다.[85] 이와 관련하여 우리 법체계에서 아내가 병든 경우, 이를 이혼사유로 인정하는가. 여기에는 많은 판례가 있지만, 불치의 정신병이나 불치의 조울증은 혼인을 지속할 수 없는 사유에 해당한다고 판시한다.[86]

라. 혼인의 재산적 효과

혼인에 따른 재산적 효과로서 현행 민법은 부부재산계약에 따른 효과나 이러한 계약이 없는 경우 법정부부재산제도, 일상가사대리권에 관한 연대채무 등에 따른 효과가 발생한다.[87] 이하에서는 함무라

---

84) 현행 민법 제826조에서는 직접적으로 동거의무, 협조의무, 부양의무를 규정하고 있고 제840조 제1호에서는 간접적으로 정조의무를 규정하고 있다.

85) 반면 H.149.에서는 병든 아내가 남편의 집에 거하기를 원하지 않을 때, 지참금을 가지고 친정으로 돌아갈 수 있는 권리를 인정하고 있다.

86) 대판 1995.5.26. 95므90; 대판 1997.3.28. 96므608,615.

87) 부부재산 약정은 민법 제829조에서 법정부부재산제도는 제830조와 제831조에서 규정하며,

비 법전에서 나타난 혼인과 관련된 재산적 효과를 살펴본다.

먼저 남편은 아내에게 자신의 부동산이나 동산을 증여할 수 있었다. 이에 관한 제150조는 "만약 어떤 사람이 그의 아내에게 경작지, 과수원, 가옥, 그 밖의 재산 그리고 이러한 물건에 대한 봉인된 양도증서를 증여한 후 사망했다면 그녀의 자녀들은 이에 대한 권리를 주장할 수 없다. 그녀는 자신이 사랑하는 자녀의 일부에게 이를 남길 수 있지만 그렇지 않은 자녀에게는 남길 필요가 없다"고 한다. 이 규정과 관련하여 뒤에서 논의하겠지만 일단 남편이 사망한 경우 아내에게 상속권은 부여되지 않았던 것으로 보인다. 그 이유는 바로 생전증여를 통해 충분한 재산을 아내에게 줄 수 있었기 때문이다. 한 가지 유의할 점은 증여받은 재산을 아내는 사용·수익하고 자신이 사랑하는 자녀에게 증여할 수 있었지만, 이를 자신의 형제·자매에게는 증여할 수 없었다는 점이다. 왜냐하면 이는 남편의 유산이므로 계속해서 남편의 집에 귀속되어야 했기 때문이다.

또한 부부는 혼인 전에 자신들이 부담했던 채무에 관하여 특별한 계약이 있었다면, 혼인 후 상대방에게 책임을 부담시킬 수 없었는데, 여기에 관하여는 제151조가 규정하고 있다. 즉 "만약 남편의 집에 거주하는 부인이 남편의 어떤 채권자도 자신을 체포할 수 없다는 내용의 증서를 작성하였다면, 그 남편이 혼인 전에 부담했던 채무를 근거로 채권자는 그녀를 체포할 수 없다. 그리고 만약 부인이 남편의 집에 들어가기 전에 채무를 부담하고 있었다면 그녀의 채권자는 남편에게 책임을 묻지 못한다"고 한다. 이 규정을 반대해석하면, 위와 같은 부부재산계약이 없는 경우 혼인 전 부담한 상대방의 채무

부부간의 일상가사대리권은 제827조에서 가사로 인한 채무의 연대책임은 제832조에서 규정한다.

때문에 최악의 경우 채무노예가 될 수 있다는 것이다. 따라서 함무라비 법전은 이러한 상황을 방지하기 위한 목적에서 위와 같은 규정을 두었다. 그런데 위 규정을 면밀하게 검토하면, 남녀차별적인 규정임을 알 수 있다. 즉 혼인 전 부인의 채무에 대해서는 계약이 없더라도 남편에게 불이익이 없지만, 부인의 경우에는 특별히 위와 같은 계약을 체결해야만 남편의 채무 때문에 자신에게 불이익이 닥치지 않았기 때문이다.

혼인에 따른 재산적 효과에서 흥미로운 부분은 바로 현행 민법과 동일한 일상가사채무에 관한 규정이다. 즉 제152조는 "만약 부인이 남편의 집에 들어간 후, 부부가 채무를 부담했다면, 그들은 상인에게 변제해야 한다"고 하여 혼인 중에 발생한 채무에 대해서는 연대하여 부담하도록 규정한다.

마지막으로 지참금에 관한 규정이 상당수 발견되는데, 문제는 매매혼인과 관련하여 학자들의 번역이 일치되지 않는다는 점이다. 예를 들어 신부대금을 'dowry' 또는 'purchase-money'로 사용하거나 지참금을 'dowry' 또는 'marriage portion'로 사용하는데, 이를 혼용하여 사용하고 있다는 것이다.[88] 문제는 이러한 용어의 혼란이 신부대금과 지참금의 관계를 다루는 규정(예컨대 제162조, 제163조 등)의 해석에 영향을 미치고 있다. 생각건대 장래의 남편은 약혼 시에 신부의 아버지에게 신부대금을 지급하고 신부의 아버지는 혼인 시에 받았던 신부대금 중 일부나 전부 혹은 그 이상을 지참금으로 신랑 측에 보낸다고 해석하는 것이 다른 규정의 해석에 있어 무리가 없어 보인다. 이런 이유 때문에 학자들이 'dowry'를 신부대금이나 지참금

---

88) Davies는 신부대금과 지참금을 "dowry"나 "marriage portion"으로 표기하며, King은 신부대금을 "purchase-money"로 지참금을 "dowry"로 표기한다. 또한 John은 신부대금을 "dowry"로 지참금을 "marriage portion"으로 표기한다.

으로 혼동한 것처럼 보인다. 먼저 지참금에 관한 제162조는 "만약 어떤 사람이 아내를 맞이하고 그녀가 자녀를 출산하였는데, 그 후 그녀가 사망하였다면 그녀의 아버지는 그녀의 지참금에 대하여 아무런 권리를 주장하지 못한다. 이것은 그녀의 자녀들에게 귀속된다"고 규정한다. 또한 신부대금에 관한 제163조는 "만약 어떤 사람이 아내를 맞이하였지만 자녀를 출산하지 못하고 그녀가 사망한 경우, 만약 그가 장인에게 지급했던 신부대금을 장인이 반환한다면, 남편은 아내의 지참금에 대하여 아무런 권리를 주장하지 못한다. 이것은 그녀의 아버지에게 귀속한다"고 규정한다. 마지막으로 제164조는 "만약 그의 장인이 신부대금을 반환하지 않는다면, 그는 그녀의 지참금에서 이를 공제하고 나머지를 장인에게 반환할 것이다"고 하여 신부대금과 지참금의 관계를 명시하고 있다.

마. 혼인의 신분적 효과

함무라비 법전이 제정될 당시 메소포타미아 지방은 신분사회였다. 따라서 신분질서를 유지하기 위한 여러 형벌규정을 이미 살펴보았다. 여기에서는 신분이 다른 남녀가 혼인한 경우, 그 자녀의 신분은 어떻게 되는지 살펴보자. 제175조는 "만약 궁전의 노예 또는 평민의 노예가 자유인의 딸과 혼인하고 자녀를 출산하였다면, 그 노예의 주인은 자유인 여성의 자녀들을 노예로 삼지 못한다"고 한다. 이 규정을 통해서 당시 노예의 지위가 다른 시대의 노예의 지위와 비교할 때 상당히 다르다는 것을 알 수 있다.[89] 그만큼 신분 간의 이동이

---

[89] 로마시대에는 신분이나 직업에 따른 여러 가지 혼인의 제약사항이 있었다. 다만 히브리법에서는 노예를 인격적으로 대하여 자유인과 노예의 혼인이 여러 곳에서 등장한다.

제한적이나마 자유로웠던 것을 증명한다고 할 것이다. 또한 노예인 아버지와 자유인인 어머니 사이에서 출생한 자녀를 자유인으로 간주한 것도 상당히 파격적인 입법이라 할 것이다.

(3) 이혼

현행 민법상 혼인이 해소되는 원인에는 이혼, 당사자의 사망 후 재혼이 있는데, 이 중 이혼은 당사자가 생존하고 있으면서 혼인관계를 종료하는 것이다. 또한 민법상의 이혼에는 당사자의 합의에 따라 이루어지는 협의상 이혼90)과 법에 규정된 이혼사유에 해당하여 재판을 통해 이루어지는 재판상 이혼91)의 두 종류가 있다.

함무라비 법전의 규정은 이와 유사하게 이혼과 당사자의 사망에 의해 혼인이 해소되는 것으로 규정하고 협의상 이혼과 재판상 이혼으로 볼 수 있는 흔적도 발견되고 있다. 그리고 이혼과 관련된 함무라비 법규정의 특징으로는 상대적으로 남성 우월적인 규정 때문에 여성에게 불리한 규정이 많았다는 점과 자녀의 복리를 위한 여러 가지의 정책적 규정을 두었다는 점이다. 이하에서 차례로 살펴본다.

가. 남편의 이혼청구권

함무라비법에서 규정된 남편의 이혼청구에 관한 규정은 아내의 동의나 의사수렴과정이 없이 남편의 일방적인 이혼청구권을 인정하고 있는 관계로 현행 민법의 협의상 이혼과 일치하지는 않지만 어느

---

90) 현행 민법 제834조[협의상 이혼] 부부는 협의에 의하여 이혼할 수 있다.
91) 현행 민법 제840조[재판상 이혼원인].

정도 유사성을 보이고 있다. 즉 제137조는 "만약 어떤 사람이 그의 자녀를 출산한 첩이나 그의 자녀를 출산한 아내와 이혼하기를 원한 다면, 그는 그 여성에게 지참금을 반환하고 그녀가 자녀들을 양육할 수 있도록 농지, 과수원 그리고 일정한 재산에 대한 사용권을 지급 해야 한다. 그녀가 자녀들을 양육하였을 때, 그녀의 자녀들이 상속 하게 될 재산에서 한 자녀의 상속분을 받게 될 것이다. 그 후 그녀는 자신이 선택한 남성과 혼인할 수 있다"고 규정한다. 이 규정은 남편 에게 자신의 일방적인 의사표시에 의해 혼인관계를 해소할 수 있는 권리 즉 형성권을 부여함으로써 여성의 지위를 불안하게 하고 있다. 다만 이를 위하여 양육비를 포함한 일정한 금전적 보상과 함께 자녀 들을 양육하였을 경우 재혼할 수 있는 기회를 주고 있다는 점에서 당시 입법자가 자녀의 복리에 상당한 관심을 가졌다는 것을 알 수 있다.

또한 제138조는 자녀가 없는 경우에 대하여 규정하는데, "만약 어 떤 사람이 자녀를 출산하지 못한 아내와 이혼하기를 원한다면, 그는 아내에게 신부대금만큼의 금전과 그녀가 친정에서 가져온 지참금을 지급해야 한다. 그 후 아내와 이혼할 수 있다"고 한다. 이 경우에도 남편에게 일방적인 이혼청구권을 인정하지만 이에 대한 남편의 경제 적 손실은 크다고 할 것이다. 왜냐하면 상당한 액수의 신부대금과 지 참금을 모두 지급해야 이혼할 수 있었기 때문이다. 생각해보면 현행 민법의 재산분할청구권92)과 위자료청구권93)을 통해 여성들에게 이혼 후 생계를 유지할 수 있는 기반마련과 이혼의 자유를 인정하고자 하

---

92) 현행 민법 제839조의 2[재산분할청구권].
93) 현행 민법 제843조. 본래 위자료청구권은 이혼의 원인을 제공한 유책배우자에 대해 손해배 상을 청구할 수 있는 권리이므로 재판상 이혼의 경우에 발생한다. 다만 협의상 이혼의 경우 에는 명문규정이 없지만 이를 인정할 수 있을 것이다.

는 취지와 유사하다고 할 것이다. 그리고 이 규정에서 과연 이혼의 원인이 무엇인지 논의될 수 있는데, 명확하지 않지만 그 원인을 불임으로 파악하는 견해도 있다.[94] 그렇다면 과연 현행 법체계에서 불임은 이혼사유가 되는지 의문이다. 이에 대해 법원은 종가의 종손의 배우자로서 임신불능이라도 이혼사유가 되지 않는다고 판시한다.[95]

마지막으로 제139조는 "만약 지급할 신부대금이 없다면, 그는 이혼을 위해 은 1미나를 지급해야 한다"고 규정한다. 여기서 하나의 의문이 생긴다. 신부대금이 없는데, 이를 은 1미나로 대신 지급한다는 것은 어떤 의미인지 의문이 생긴다. 생각건대 당시 사회에서는 금전뿐 아니라 가축, 곡식 등도 화폐로 통용되었으므로, 만약 신랑이 신부대금으로 금전 이외의 것을 지급했다면 이혼 시에 동종·동질·동수량의 것으로 반환하지 못하는 상황도 발생했을 것이다. 따라서 위 규정을 통해 그것에 상응하는 금전을 아내에게 지급하도록 한 것이다. 그리고 흥미로운 부분은 이혼청구권을 행사하는 사람의 신분에 따라 아내에게 지급할 금액이 달라졌다는 점이다. 즉 제140조는 "만약 그가 평민이라면, 그는 아내에게 은 3분의 1미나를 지급해야 한다"고 규정한다. 그렇다면 제139조는 이혼청구권을 행사하는 자가 자유인이라는 의미이며, 자유인은 평민보다 이혼 시에 더 많은 금전을 지급해야 했다.

나. 남편 측의 이혼사유

함무라비 법전에는 남편 측의 원인에 의해 혼인이 해소되는 규정

---

94) Davies(p.65). 이 규정은 H.144.의 해석과도 연관된다.
95) 대판 1991.2.26. 89므365,367.

이 몇 개 존재한다. 먼저 제142조는 "만약 어떤 아내가 그녀의 남편과 다투고 '당신은 나와 맞지 않는다'고 말한다면, 그 후 그녀의 적대감에 대한 원인이 조사돼야 한다. 만약 그녀에게 비난의 소지나 잘못이 없고 그녀의 남편이 그녀를 유기하거나 업신여겼다면, 그녀는 지참금을 가지고 그녀 아버지의 집으로 돌아갈 것이다"고 하며, 또한 제136조는 "만약 어떤 사람이 그의 집을 나와 멀리 떠나고 그 결과 그의 아내가 다른 남자의 집에 들어간다면, 그 후 그가 돌아와 그의 아내를 데려가기 원하더라도 그가 그의 집을 나와 멀리 떠났기 때문에 그의 아내는 그에게 되돌아가지 않을 것이다"고 규정한다. 이를 현행 민법의 재판상 이혼사유에 대비하여 본다면, 남편이 아내를 악의로 유기한 때[96]와 남편으로부터 심히 부당한 대우를 받았을 때[97]에 해당한다고 할 수 있다.

그런데 이와 관련하여 제135조는 "만약 어떤 사람이 전쟁포로가 되고 그의 집에 생계를 유지할 수 있는 재산이 없어 그의 아내가 다른 사람의 집에 들어가서 그의 자녀를 출산하였다면, 그런데 그 후 그녀의 남편이 생환하여 집에 돌아온다면 그녀는 첫 번째 남편에게 돌아갈 것이지만 자녀들은 그들의 아버지(두 번째 남편)에게 남겨둘 것이다"고 규정한다. 현행 민법상 배우자의 생사가 3년 이상 분명하지 않은 경우[98]에는 재판상 이혼을 청구하여 전혼관계를 해소하고 재혼할 수 있음이 분명하지만, 함무라비 법전에서는 국가를 위해 전쟁포로가 되었다가 생환한 군인을 위해 아내가 첫 번째 남편에게 돌아가도록 규정하고 있다. 또한 두 번째 남편과의 사이에서 출생한 자녀들은 그대로 남겨두도록 함으로써 자녀의 복리도 고려하고 있

---

96) 현행 민법 제840조 제2호.
97) 현행 민법 제840조 제3호.
98) 현행 민법 제840조 제5호.

는 것이 인상적이다.

다. 아내 측의 이혼사유

다음으로는 아내 측의 원인에 의해 혼인관계가 해소되는 몇 가지 사유를 살펴본다. 먼저 제141조는 "만약 남편의 집에 살고 있는 아내가 그 집을 떠나기로 마음먹고 사치를 하여 빚을 지게 하거나 집을 황폐화시키거나 그녀의 남편을 무시한다면, 그는 그녀를 재판에 회부할 수 있을 것이다. 만약 그녀의 남편이 이혼에 동의한다면, 그는 그녀를 떠나보낼 수 있다. 그는 이혼에 대한 어떠한 것도 주지 않아도 된다. 만약 그녀의 남편이 이혼을 동의하지 않는다면, 그는 새로운 아내를 맞이하고 전처는 하녀로서 그 집에 남게 될 것이다"고 하여, 이혼사유로서 과도한 부채, 집안을 돌보지 않음, 남편을 무시하는 것 등을 명시하고 있다.

또한 제142조와 연관되어 제143조는 남편의 유기나 업신여김 때문에 그를 법정에 세운 아내의 주장이 거짓으로 드러나고 오히려 아내가 사치로 과도한 부채를 부담하거나 남편을 무시한 사실이 드러난 경우, 그 여성은 익살형을 당하게 된다고 규정한다. 즉 자신에게 잘못이 있음에도 남편에게 이혼사유가 있다고 주장한 아내는 생명을 잃게 되는 벌을 받게 된다.

마지막으로 제144조는 명확하지 않으나 다른 규정과의 관계를 볼 때, 아내 측의 이혼사유로 불임을 언급하고 있다. 즉 "만약 어떤 사람이 아내를 맞이하였는데, 그 아내가 그녀의 남편에게 여종을 동침하게 하고 그 여종이 자녀를 출산하였다면, 남편은 다른 아내를 맞아들이는 것이 허용되지 않을 것이다. 그는 두 번째 아내를 얻을 수 없다." 위에서 언급한 것처럼 이 규정의 해석에 있어 논란이 있을 수 있지만 아마도 아내가 불임인 경우를 언급하고 있는 것으로 파악된다. 당시 불임은 정당한 이혼사유였으며, 첫 번째 아내는 자신의 불임에 따른 이혼을 방지하기 위하여 여종을 남편과 동침하도록 하여 자녀를 얻었던 것이다. 이에 관한 근거는 구약성경에도 빈번하게 등장하며, 당시 셈족의 풍습으로 당연하게 받아들여졌다.[99]

(4) 재혼

함무라비 법전에서 재혼에 관한 제177조는 "만약 미성년 자녀가 있는 과부가 재혼하기 원한다면, 그녀는 법관의 동의를 얻어야 한다. 만약 그녀가 재혼을 하면, 법관은 그녀의 첫 번째 남편이 남긴 재산을 조사해야 하고 그 재산은 두 번째 남편과 그녀가 관리를 해야 한다. 또한 이러한 내용이 포함된 증서가 작성되어야 한다. 그들은 약정한 대로 재산을 유지하고 그 자녀들을 양육해야 하지만, 그 재산을 처분할 수는 없다. 그 자녀들의 재산을 매수하는 사람은 누구든지 그의 돈을 잃게 될 것이고 그 재산은 그것의 소유자에게 회복될 것이다"고 규정한다. 이를 해석해보면, 미성년 자녀가 없는 과부는 자유롭게 재혼할 수 있지만, 그렇지 않은 경우에는 자녀의 복리 및 양육을 위하여 법관의 동의를 받아야 하며, 자녀의 양육에 필요한 재산에 대하여 재산관리자로서의 지위를 계부와 모에게 인정하고 있다. 그 밖에 과부가 재혼을 하기 위해서는 생전에 남편으로부터 증여받은 모든 재산을 남겨두도록 함으로써 사망한 남편의 재산이 그의 자식들에게 남도록 하였다.[100] 이 부분에 대하여는 뒤에서 상

---

99) Davies(p.67). 또한 구약성경 창세기에서 라헬과 레아의 이야기에서 이를 유추할 수 있다.

세히 살펴보도록 한다.

(5) 인지

함무라비 법전에서 규정되어 있는 부모와 자식 간의 법률관계를 살펴보기 전에 먼저 현행 가족법상의 몇 가지 개념을 정리하도록 한다.

남녀가 혼인을 하고 자녀를 출산하면, 부모와 자녀 사이에 일정한 법률관계가 형성되는데, 이를 친자관계라고 한다. 그런데 이러한 친자관계는 자연적 혈연관계가 있는 친생자(親生子)와 당사자의 의사에 기초하는 법정친자관계인 양자(養子)로 구분될 수 있다.

그리고 친생자는 혼인 중의 출생자 즉 법률상의 부부 사이에서 출생한 자와 혼인관계가 없는 부모 사이에서 출생한 혼인 외의 출생자로 나뉘는데, 혼인 외의 출생자의 모자관계는 일반적으로 출산사실에 의해 당연하게 성립되지만 부자관계는 인지가 있어야 발생한다. 마지막으로 양자는 입양에 의해서 성립하는 법률상의 자라고 할 수 있다.

여기서 인지(認知)란 혼인 외의 출생자에 대하여 생부 또는 생모가 자기의 자라고 인정하는 행위(임의인지) 또는 재판에 의해 부자관계나 모자관계를 인정받는 행위(강제인지)를 말한다.[101] 이러한 인지에 관하여 제170조는 "만약 아내가 남편의 자녀를 출산하거나 또는 그의 여종이 주인의 자녀를 출산하였다면, 그리고 아버지가 그의 생전에 그의 여종이 출산한 자녀들에게 '나의 자식들'이라고 말하고 그의 아내가 출산한 자녀들과 함께 그들을 자식으로 간주한다면, 그

---

100) H.171. 후단, H.172.
101) 현행 민법 제855조 이하에서 규정한다.

의 아버지 사후에 그의 아내의 자녀들과 그의 여종의 자녀들은 그 아버지의 재산을 동등하게 상속할 것이다. 그의 아내의 자녀들은 분배하고 선택할 것이다"고 규정한다. 여기서 여종이 출산한 자녀들에게 '나의 자식들'이라고 하는 것은 현행 가족법상의 임의인지라고 할 수 있으며, 차이가 있다면 현행법에서는 인지를 신고해야 한다는 점이다. 아무튼 아버지의 인지행위에 의해 혼인 외의 출생자인 여종의 자식들은 추후 아버지의 사후에 혼인 중의 출생자인 본처의 자식들과 동등하게 상속을 받게 되는 효과를 받게 된다. 그 밖에 제170조의 마지막 구절의 해석에 관하여 생각해볼 여지가 있는데, 이 구절의 의미는 일단 인지를 받게 되면 여종의 자식이나 본처의 자식들의 상속분은 동일하지만 분쟁이 발생한 경우에 상속재산의 선택권은 본처의 자식들에게 있다는 의미로 새기는 것이 일반적인 견해이다.

또한 제171조 전단은 "만약 아버지가 그의 생전에 여종이 출산한 자녀들을 '나의 자식들'이라고 말하지 않고 사망하였다면, 여종의 자녀들은 본처의 재산을 나누지 못할 것이다. 여종과 그녀의 자녀들은 노예로부터 해방될 것이고 본처의 자녀들은 여종의 자녀들에 대하여 노예임을 주장하지 못할 것이다"고 규정하여, 인지가 이루어지지 않은 경우 발생하는 여러 가지 불이익을 고려하여 여종과 그의 자녀들을 보호하고 있다.

(6) 입양

입양이란 자연적·혈연적 친자관계가 없는 사람들 사이에 법률상 친자관계를 성립시키는 것을 말하며, 입양에 의해 성립한 법률상의 자를 양자라고 한다. 현행 가족법상 입양계약의 당사자는 양부모와 양자이며, 양자가 될 사람이 13세 이상의 미성년자인 경우에는 법정대리인의 동의를 받아야 하며, 양자가 될 사람이 13세 미만인 경우에는 법정대리인이 그에 가름하여 입양의 승낙을 하게 된다.[102] 그리고 양자가 될 사람이 성년이더라도 부모의 동의가 필요하다.[103] 참고로 우리 민법은 계약형 양자제도에서 양부모가 되기에 적합하지 않은 자가 입양을 하여 발생하는 양자의 복리를 해치는 등의 폐해를 방지하기 위하여 국가기관이 입양을 심사하는 입양허가제를 채택하고 있다.

함무라비 법전에서 입양에 관한 규정을 쉽게 찾아볼 수 있는데, 이러한 사실은 상당히 발달된 법문화를 반영한 것이라고 생각한다. 왜냐하면 시대적 차이는 있지만 장소적 유사성을 띤 히브리법에서는 직접적으로 입양에 관한 내용을 찾아볼 수 없기 때문이다.[104] 본론으로 들어가서 입양에 대한 일반적인 규정인 제185조는 "만약 어떤 사람이 그의 가문으로 아이를 데려와 입양하고 자식으로서 양육을 하였다면, 이 성장한 자녀는 돌려보낼 수 없을 것이다"고 한다. 이 규정에 따르면, 입양의 당사자가 누구였는지 알 수 없지만 아마도 가부장적인 분위기상 친부모와 양부모의 합의가 입양의 요건이었을 것이다.

또한 특수한 입양형태를 몇 가지 발견할 수 있는데, 이 중 도제식 입양이 있다. 즉 제188조는 "만약 장인(匠人)이 아이를 입양하고 그에게 자신의 기술을 가르친다면, 어떤 사람도 그를 돌려보내도록 요구할 수 없을 것이다"고 하며, 제189조는 "만약 그가 양자에게 자신

---

102) 현행 민법 제869조.

103) 현행 민법 제871조.

104) 물론 모세(출애굽기 2:10)나 에스더(에스더 2:7)의 이야기는 예외적인 것이다.

의 기술을 가르치지 않는다면, 입양된 아이는 그의 아버지의 집으로 돌아갈 것이다"고 규정한다. 당시 의사, 수의사, 선박제조업자, 건축업자 등의 전문적인 직업이 존재했는데, 이러한 전문적인 기술을 전수받은 후 자신의 집으로 돌아가는 것을 방지함으로써 가계의 계승과 기술의 전수라는 두 가지의 목적을 달성하는 도제식 입양이 발달하였음을 엿볼 수 있다.

그 밖에 특수한 입양형태에 대해서는 제187조에서 규정한다. 즉 "궁전에서 업무를 담당하는 궁녀[105]의 자녀나 또는 창녀[106]의 자녀는 그의 아버지의 집으로 돌아가지 못할 것이다"고 한다. 또한 제192조는 "만약 궁녀나 창녀의 자녀가 양부모에게 '당신은 나의 아버지 또는 어머니가 아니다'고 말한다면, 그의 혀는 뽑힐 것이다"고 하며, 제193조는 "만약 궁녀나 창녀의 자녀가 그의 아버지의 집으로 가기를 원하여 그의 양부모를 유기하고 그의 아버지의 집으로 간다면, 그의 눈은 뽑힐 것이다"고 규정한다. 위와 같은 세 규정의 의미는 번역된 다양한 단어만큼이나 명확하지 않다. 생각건대 특수한 직업에 종사하는 자들의 자녀의 경우에는 친부를 찾기 곤란하며, 사회질서 및 신분질서를 어지럽히는 경우가 발생하기 때문에 가혹한 형벌과 함께 이러한 규정을 둔 것으로 보인다.

(7) 파양

파양이란 유효하게 성립한 입양을 당사자가 생존 중에 인위적으로 해소하는 것을 말한다.[107] 파양에는 협의상 파양과 재판상 파양

---

105) Davies는 이를 "Ner-se-ga"로 해석하는데, 이는 궁전과 관계된 일정한 업무 종사자의 명칭으로 해석하며, Johns는 "a palace warder"로 번역한다.

106) Davies는 "a sacred prostitute"로, Johns는 "vowed woman"으로 번역한다.

의 두 가지 유형이 있다. 함무라비 법전에서 규정하고 있는 파양에 대한 규정을 살펴보면 다음과 같다. 제186조는 "만약 어떤 사람이 그의 자녀로서 한 아이를 입양하고 그가 그 아이를 데려온 다음, 그 자녀가 그의 양부모에 대하여 위법행위를 하였다면, 그 입양된 자녀는 그의 아버지(친부)의 집으로 돌려보낼 것이다"고 하며, 제190조는 "만약 어떤 사람이 그가 자녀로서 입양하고 양육한 자를 자신의 자녀 중의 한 사람과 동일하게 취급하지 않는다면, 그 입양된 자녀는 그의 아버지의 집으로 돌아갈 것이다"고 규정한다. 전자는 양자 측의 파양원인에 관한 것이고 후자는 양부모 측의 파양원인에 관한 것으로 이는 현행 가족법에서 규정하고 있는 재판상 파양의 원인과 동일하다.[108]

또한 제191조는 "만약 한 아이를 입양·양육하여 그 자신의 가정을 세운 사람이 입양 후 자신의 친생자가 생기고 양자를 내쫓으려고 한다면, 그 양자는 빈손으로 가지 않을 것이며 그의 양부는 그에게 한 자녀의 상속분에 해당하는 금액의 3분의 1을 지급하여야 한다. 양부는 그에게 농경지, 과수원 그리고 가옥을 인도할 수는 없다"고 규정한다. 이는 파양원인이 없음에도 단지 양부의 친생자가 출생했다는 이유만으로 파양당하는 양자의 생계나 복리를 보장하기 위한 정책적 규정으로 볼 수 있다.

---

107) 현행 민법 제898조 이하에서 규정한다.

108) 현행 민법 제905조는 재판상 파양의 원인에 대하여 제1호는 양부모가 양자를 학대 또는 유기하거나 그 밖에 양자의 복리를 현저히 해친 경우, 제2호는 양부모가 양자로부터 심히 부당한 대우를 받은 경우, 제3호는 양부모나 양자의 생사가 3년 이상 분명하지 아니한 경우, 제4호는 그 밖에 양친자관계를 계속하기 어려운 중대한 사유가 있는 경우로 규정하고 있다.

(8) 상속

가. 상속 일반

상속이란 피상속인이 사망한 경우에 그의 재산상의 권리 및 의무가 법률규정에 의하여 상속인에게 포괄적으로 승계되는 것을 말한다.[109] 상속은 신분상속과 재산상속, 생전상속과 사망상속, 법정상속과 유언상속, 단독상속과 공동상속, 강제상속과 임의상속, 균분상속과 불균분상속 등으로 유형화될 수 있는데, 현행 우리 상속법은 재산상속, 사망상속, 법정상속, 공동상속, 임의상속, 불균분상속을 취하고 있다. 여기서 법정상속이란 상속인이 되는 자는 법률로 정해져 있고 피상속인이 상속인을 자의적으로 정할 수 없는 것을 의미한다. 반면 유언상속은 피상속인의 유언에 따라 상속인과 상속순위 등을 정할 수 있는 것을 말한다. 그런데 우리 상속법은 유언의 자유는 인정하지만, 유언의 내용을 법에서 규정한 것으로 제한한다. 그리고 이러한 법정된 내용에 상속인이나 상속순위 등을 정하는 것이 포함되어 있지 않기 때문에 법정상속만을 인정한다. 그 밖에 상속인들은 원칙적으로 균분상속이지만 예외적으로 배우자의 상속분은 가산되므로 불균분상속이라고 할 수 있다.

나. 함무라비 법전에서 상속법의 특징

함무라비 법전에서 나타난 상속관련 규정을 분석하면 다음과 같은 특징을 발견할 수 있다. 첫째, 혈연상속의 원칙이다. 즉 남편의

---

109) 현행 민법 제997조 이하.

재산은 그가 사망하면 자녀들에게 귀속되며, 지참금과 같은 부인의 재산은 자녀가 없는 경우 친정으로 복귀되는 것이 원칙이다. 둘째, 균분상속의 원칙이다. 함무라비 법전에서 특별히 장남, 장녀, 차남, 차녀 또는 배우자에 대한 상속분에 대한 명시가 없는 것으로 미루어 짐작컨대 균분상속을 원칙으로 삼았던 것으로 보인다. 셋째, 상속에 있어서 배우자의 상속권을 보장한 점이다. 특이한 점은 1차적으로 남편의 생전 증여를 통해 배우자의 상속권을 보장하였고, 생전 증여가 이루어지지 않은 경우 2차적으로 남편의 사후에 자녀들과 함께 상속을 인정하였다. 넷째, 비속우선의 원칙이다. 상속인을 피상속인의 직계존속이 아닌 직계비속으로 규정함으로써 이러한 원칙을 실현하였는데, 이는 현행 상속법과 같은 맥락에 있다.

다. 배우자에 대한 상속

현행 민법은 배우자를 상속권자로 인정하면서, 직계비속이나 직계존속이 있는 경우 공동상속인이 되고 그들이 없는 경우에는 단독상속인이 된다고 규정한다.[110] 다만 상속분에 있어서는 1순위 상속권자인 직계비속이나 2순위 상속권자인 직계존속보다 일정 부분을 가산하고 있다.[111] 그렇다면 함무라비 법전에서 나타난 배우자의 상속과 상속분은 어떻게 되는지 살펴보자.

제171조 후단은 "미망인은 그녀의 지참금과 그녀의 남편이 증여했던 선물을 갖고 그녀의 여생 동안 남편의 집에서 거주할 것이며, 그러한 재산을 향유할 것이다. 그녀는 이러한 재산을 매각하지 못한

---

110) 현행 민법 제1003조 제1항.
111) 현행 민법 제1009조 제2항.

다. 그녀가 남긴 것들은 그녀의 자녀들에게 귀속한다"고 한다. 이 규정을 통해서 알 수 있는 것은 일단 현행 상속법처럼 배우자를 상속권자로 인정하지는 않았다는 점이다. 다만 생전에 증여를 통해서 배우자에게 상속권자로서의 지위를 인정하고 있다는 점이 흥미롭다. 또한 지참금은 아내가 혼인 시 친정아버지로부터 부여받은 것이므로 이에 대한 권리가 남편의 사망 시에 아내에게 이전한 것으로 보아 남편은 생전에 지참금에 대한 일정한 권리를 계속 행사했음을 알 수 있다. 그리고 이러한 미망인이 사망한 경우, 그녀의 지참금과 증여물은 자신의 혈연인 자식들에게 상속되는 것으로 규정함으로써 철저하게 혈연상속의 원칙을 고수하고 있다.

그런데 남편이 생전에 아내에게 증여를 하지 않은 상황에서 아내의 상속권은 어떻게 보장되는지 의문이다. 여기에 대해서는 제172조가 "만약 그녀의 남편이 그녀에게 선물을 주지 않았다면, 그녀는 한 자녀의 상속분만큼을 그 선물에 대한 대가로서 받게 될 것이다. 만약 자녀들이 어머니가 그 집을 떠나도록 압박한다면 법관은 이 문제를 조사해야 하고, 만약 자녀들에게 문제가 있다면 그녀는 남편의 집을 떠나지 않을 것이다. 만약 그녀가 남편의 집을 떠나고자 한다면, 그녀는 남편이 자신에게 증여했던 선물을 그녀의 자녀들에게 인도해야 하지만 지참금은 가지고 갈 수 있다. 그런 다음 그녀는 자신이 맘에 드는 남자와 재혼할 수 있다"고 상세하게 규정한다. 이 규정에서 만약 아내가 증여를 통해 선물을 받지 못했다면 상속분은 최소 직계비속과 동일한 지분이 인정된다는 것이며, 남편의 집을 떠나 재혼을 하게 되면 남편의 소유물들이 타인의 집안에 속하게 되고 전남편의 재산이 감소하므로 이를 방지하기 위하여 이러한 재산을 자녀들에게 남기도록 하는 정책적인 규정을 두었다.

마지막으로 제171조 후단과 제172조를 통해 지참금은 아내에게 귀속된다는 점을 알 수 있다. 그렇다면 만약 재혼을 한 후, 그녀가 사망하게 되면 지참금은 누구에게 귀속되는지 의문인데, 이에 대한 해답은 제173조와 제174조에서 찾아볼 수 있다. 제173조는 "만약 그녀가 재혼했던 곳에서 두 번째 남편과의 사이에 자녀를 출산하고 그 후 사망하였다면, 첫 번째 남편과 두 번째 남편의 자녀들은 그녀의 지참금을 분할한다"고 하며, 제174조는 "만약 그녀가 두 번째 남편과의 사이에서 자녀를 출산하지 못했다면, 첫 번째 남편의 자녀들에게 지참금이 귀속될 것이다"고 규정한다.

라. 자녀에 대한 상속

① 일반적인 상속

자녀에 대한 상속과 관련된 대표적인 규정인 제165조는 "만약 어떤 사람이 그가 가장 좋아하는 자녀에게 농경지, 과수원 또는 가옥을 주고 이러한 내용이 포함된 밀봉된 증서를 작성하였다면, 그 후 아버지가 사망한 다음, 그 자녀들은 아버지에게 사랑받았던 자녀에게 아버지의 선물을 지급해야 하고 그는 그 선물을 갖게 될 것이다. 그리고 자녀들은 남겨진 아버지의 재산을 그와 함께 동등하게 분배해야 한다"고 한다.[112] 이는 사인증여[113]와 상속재산의 분할[114]에 대한 규정이라 하겠다. 먼저 사인증여란 증여자의 사망으로 인하여

---

112) 좋아하는 자녀를 특별 대우하는 내용은 성경에서도 자주 등장한다. 야곱(창세기 48:19)이나 다윗(열왕기상 1:11~13)이 이러한 예이다. 그러나 히브리법에서 장자는 다른 자녀에 비해 2배의 상속분을 인정하였다(신명기 21:15~17).

113) 현행 민법 제562조.

114) 현행 민법 제1013조.

효력이 발생하는 계약으로 증여의 일종이다. 그런데 제165조의 내용에서 유언을 통해 증여를 한 것인지 명확하지 않다. 만약 아버지의 유언에 이러한 내용이 포함되었다면 유증이라고 해석되겠지만, 다른 규정에 유언에 관한 내용이 없는 것으로 짐작컨대 증여계약으로 보는 것이 바람직하다. 또한 상속인이 수인인 경우 이러한 공동상속인이 협의에 의해 상속재산을 분할하도록 규정하고 있으며, 위 규정을 통해 자녀들 사이에서 상속분은 동등하였음을 알 수 있다.

② 미혼의 아들이 있는 경우의 상속

전술하였듯이 당시 메소포타미아 지방에는 매매혼의 풍습이 있었고 함무라비 법전은 이를 반영하고 있다. 따라서 미혼의 아들이 있는 경우에 상속의 방법은 일반적인 경우와 차이가 있다. 이에 관한 제166조는 "만약 어떤 사람이 그의 아들들을 위해 며느리들을 데리고 왔는데, 그의 미성년 아들을 위해서 며느리를 데려오지 못하고 사망하였다면, 자녀들이 재산을 분할할 때, 그들은 아내를 얻지 못한 미성년인 형제에게 그의 상속분 외에 추가로 신부금을 지급해야 하고 그들은 그가 아내를 얻도록 노력해야 한다"고 규정한다.

③ 딸에 대한 상속

메소포타미아 지방의 혼인과 관련하여 이미 언급한 것처럼 아버지는 자신의 딸이 혼인할 경우, 일반적으로 지참금을 지급하였기 때문에 이와 관련된 몇몇 규정을 찾아볼 수 있다. 먼저 제183조는 "만약 어떤 사람이 그의 딸에게 지참금을 주어 남편을 구하고 지참금에 관한 증서를 주었다면; 그 후 만약 아버지가 사망하면, 그 딸은 그녀 아버지의 재산을 상속받지 못한다"고 한다. 이 규정에서 알 수 있는 것은 첫째, 딸은 아들과 다르게 혼인 시 지급하는 지참금이 상속재산으로 여겨졌다는 점이다. 즉 딸은 아버지의 생전에 자신의 상속분에 해당하는 재산을 지참금의 명목으로 지급받게 되는 것이다. 둘째, 지참금에 관한 내용도 다른 계약들과 마찬가지로 문서에 의해 이루어졌다는 점이다. 이는 아버지의 사후에 발생하는 상속인들 사이의 분쟁을 방지하는 역할을 했을 것이다.

또한 제184조는 "만약 어떤 사람이 그의 딸에게 지참금을 주지 않고 또한 남편을 구해주지 못한 경우, 그의 아버지가 사망하였다면, 그녀의 남자 형제들은 그녀에게 아버지의 재산에서 지참금을 주고 그녀에게 남편을 구해주어야 한다"고 한다. 이 규정은 제183조와 다른 상황, 즉 아버지가 딸을 혼인시키지 못하고 그녀에게 지참금을 지급하지 못했기 때문에 자신의 사후에 상속재산을 지급받도록 한 것이며, 그녀의 남자 형제들에게 그 딸의 혼인에 대하여 노력할 의무를 부과했다는 것도 흥미롭다. 그리고 제180조에서는 "만약 아버지가 혼인 적령기에 있는 그의 딸이나 신녀(혼인이 불가능하다)에게 지참금을 주지 않고 사망하였다면, 그녀는 아버지의 유산으로부터 한 아들의 상속분에 해당하는 재산을 받게 될 것이고 이것을 그녀가 살아 있는 동안 향유할 것이다. 그녀의 사후에 이러한 재산은 그녀의 형제들에게 귀속된다"고 하여, 상속분에 있어서 남녀차별을 인정하지 않았다.

그 밖에 당시 메소포타미아 지방에서는 특수한 여성 직업군이 있었는데, 이러한 여성들은 혼인을 하지 못했기 때문에 상속에 관한 특별한 규정이 마련되어 있다. 이에 대한 내용을 살펴보면, 먼저 제178조에서 "만약 무녀 또는 어떤 신을 모시는 신녀가 그녀의 아버지로부터 지참금과 이러한 내용이 포함된 증서를 수령하였는데, 그녀의 아버지가 작성한 증서에 그녀는 자신이 좋아하는 어떤 사람에게 든 그 재산을 유증할 수 있다는 내용이 들어 있지 않고 명확하게 그 재산의 처분에 대한 완전한 권리가 부여되어 있지 않다면; 만약 그녀의 아버지가 사망한다면, 그녀의 형제들은 그녀의 농경지와 그녀의 과수원을 가져갈 것이고 그들은 그녀에게 상속분에 따라 곡식, 기름 그리고 양털을 지급해야 하고 그녀에게 모자람이 없도록 해야 한다. 만약 그녀의 형제들이 상속분에 따라 그녀에게 곡식, 기름 그리고 양털을 지급하지 않고 그녀를 만족시키지 못한다면, 그녀는 자신이 선택한 임차인에게 자신의 농경지와 과수원을 임대할 수 있으며, 이러한 임차인은 그녀에게 도움을 줄 것이다. 그녀는 농경지와 과수원 그리고 아버지에게 받은 모든 것을 자신이 살아 있는 동안 향유할 수 있을 것이다. 그녀는 어떤 누구에게도 이것들을 매각하거나 인도할 수 없다. 그녀가 상속받은 것은 그녀의 형제들에게 속한다"고 한다. 이러한 규정의 취지는 무녀나 신녀의 경우에는 혼인을 할 수 없고 게다가 자신들의 직무 때문에 상속받은 농경지나 과수원을 돌볼 수 없기 때문에 그녀의 형제들로 하여금 그녀의 상속재산을 통하여 생계를 지원하도록 하였다. 또한 무녀나 신녀의 사망의 경우, 1순위 상속인이 없기 때문에 이러한 유산은 그녀의 형제들에게 귀속되도록 하였다.

그런데 전술한 제178조는 지참금에 대하여 언급한 증서에 무녀나 신녀의 재산처분권에 대한 내용이 명확하지 않았을 때 적용됨에 반하여, 제179조는 위와 같은 내용이 명확하게 적시된 경우에 적용되었다. 즉 제179조는 "만약 무녀 또는 신녀가 그녀의 아버지로부터 지참금과 이러한 내용이 포함된 증서를 수령하였는데, 이러한 증서에 그녀는 자신이 좋아하는 어떤 사람에게든지 그 재산을 유증할 수 있다고 명시되어 있으며 그 재산의 처분에 대한 완전한 권리가 부여되어 있다면; 만약 그녀의 아버지가 사망한다면, 그녀는 자신이 좋아하는 누구에게든지 그 재산을 유증할 수 있다. 그녀의 형제들은 이것에 대하여 어떠한 이의를 제기하지 못한다"고 한다.

또한 함무라비 법전을 보면, 무녀나 신녀에 대한 많은 규정을 찾아볼 수 있는데, 이러한 무녀나 신녀에는 여러 단계 내지는 계급이 있었던 것으로 보인다. 예컨대 제181조는 "만약 아버지가 자신의 딸을 신전의 하녀 또는 동정녀로 신에게 바치고 지참금을 주지 않았다면, 그 아버지의 사후에 그녀는 그녀의 상속분 즉 아들 상속분의 3분의 1을 받을 수 있고 이를 그녀가 살아 있는 동안 향유할 수 있다. 그녀가 사망한 후 이러한 재산은 그녀의 형제들에게 귀속된다"고 하며, 제182조는 "만약 아버지가 바빌론 마르둑(Marduk)의 신봉자인 그녀의 딸에게 지참금과 지참금에 대한 내용이 포함된 증서를 주지 않았다면, 그 아버지의 사후에 그녀는 그녀의 형제들로부터 한 아들 상속분의 3분의 1을 받을 수 있다. 그러나 그녀는 이러한 재산을 관리할 수 없다. 마르둑의 신봉자는 그녀가 좋아하는 사람에게 그 재산을 유증할 수 있다"고 한다. 위의 규정을 종합해보면, 당시 메소포타미아에는 많은 신들과 신전이 있었고 이러한 신전을 수호하거나 여기서 봉사하는 다양한 직책이 존재하였음을 알 수 있다. 그리고 직책의 높고 낮음에 따라 무녀의 상속재산처분권의 인정여부가 달랐다.

④ 이복형제 사이의 상속

함무라비법은 어머니가 다른 이복형제들 사이의 상속분을 균등한 것으로 규정하고 있다. 즉 제167조는 "만약 어떤 사람이 아내를 얻었는데, 그 아내가 자녀를 출산한 후 사망하였고, 그리고 그가 두 번째 아내를 맞이하고, 그 아내가 자녀를 출산했는데 그 후 남편이 사망하였다면; 그 자녀들은 그들 어머니들에 따라 재산을 분할할 수 없다. 그들은 오로지 그들 어머니들의 지참금만을 가질 수 있다. 그러나 그들 아버지의 재산은 공평하게 분배될 것이다"고 하여 이복형제들 사이에서 상속분의 차이는 없는 것으로 명시하고 있다. 또한 각자의 어머니가 혼인 시 친정에서 가져온 재산인 지참금은 그 어머니가 출산한 자녀에게만 귀속되도록 하고 있다.

⑤ 특수한 경우의 상속

당시 메소포타미아 지방은 개방된 지형으로 외적의 침입이 잦았고 그만큼 전쟁이 많았다. 그 결과 전지에 임한 아버지가 사망하거나 생사가 불명확하게 된 경우가 많았는데, 이러한 경우를 대비하여 함무라비 법전은 몇 가지 규정을 두고 있다.

먼저 제28조는 "만약 지휘관 또는 병사가 왕의 주둔지에서 포로가 되었는데, 만약 그의 자녀가 그의 가사를 돌볼 수 있다면 농경지와 과수원은 그 자녀에게 주어질 것이고 그는 그의 아버지의 재산을 갖게 될 것이다"고 한다. 이 규정은 현행 민법상의 제도인 실종선고와 유사하다고 할 것이다. 즉 부재자의 생사가 일정기간 동안 분명하지 않은 경우 일정한 자의 청구에 의해 그자를 사망한 것으로 간주함으로써 기존 주소에 남겨져 있는 재산과 잔존 배우자의 재혼 가능성을 열어주는 제도와 맥을 같이한다.115) 따라서 본 규정은 적군의 포로가 된 아버지의 생환가능성이 희박한 관계로 남은 재산을 자녀에게 상속시키는 것을 그 내용으로 한다. 또한 제29조는 "만약 그의 자녀가 미성년인 관계로 그의 가사를 돌볼 수 없다면, 농경지와

---

115) 현행 민법 제27조와 제28조에서 실종선고 및 그 효과에 대하여 규정하고 있다.

과수원의 3분의 1은 그의 어머니에게 상속될 것이고 그는 그 자녀를 양육해야 한다"고 규정한다. 이 규정은 현행 민법상 제한능력자의 보호와 같은 의미를 갖고 있다.[116] 아직 미성년자는 사회적 경험이나 지식이 많지 않은 관계로 가사를 충분히 보살필 수 없고, 따라서 이 부족한 능력은 그의 어머니에게 보충하도록 하고 있다. 물론 혈연 상속의 원칙에 따라 남겨진 재산의 3분의 2는 미성년의 자녀에게 속하지만, 예외적으로 3분의 1은 자녀의 복리를 위하여 어머니가 갖도록 배려하고 있다.

마. 노예와 혼인한 여성의 상속

전술하였듯이 함무라비 법전이 제정된 때의 메소포타미아 지방은 신분제 사회였다. 즉 사회적 신분은 자유인, 평민, 노예로 구분되었으며, 이러한 내용은 법전에 잘 나타나 있다. 하지만 다른 시대의 법과 구별되는 점은 노예의 지위가 어느 정도 보장되어 있었다는 점이다. 이와 관련하여 노예와 혼인한 여성의 상속을 규정한 제176조를 살펴보자.[117] 제176조는 "만약 궁전의 노예 또는 평민의 노예가 자유인의 딸을 아내로 맞이하였다면, 그리고 그가 그녀와 혼인할 때, 그녀가 자신의 아버지의 집으로부터 가져온 지참금을 갖고서 궁전의 노예의 집 또는 평민의 노예의 집에 들어가고 그때부터 그들이 살림을 시작하고 재산을 취득했다면; 그 후 만약 궁전의 노예 또는 평민의 노예가 사망했다면, 자유인인 그 여성은 그녀의 지참금을 수령할 것이고 그녀와 그녀의 남편이 혼인한 이후 취득했던 모든 것은

---

116) 현행 민법 제4조 이하에서 규정한다.
117) 이 규정은 H.175.와 함께 이해할 필요가 있다.

공평하게 양분될 것이다; 노예의 주인은 그것의 절반을 갖게 되고 자유인인 그 여성은 그녀의 자녀들을 위하여 나머지 절반을 갖게 될 것이다. 만약 자유인인 그 여성에게 지참금이 없다면, 그녀와 그녀의 남편이 혼인한 이후 취득했던 모든 것은 공평하게 양분될 것이다; 노예의 주인은 그것의 절반을 갖게 되고 자유인인 그 여성은 그녀의 자녀를 위하여 나머지 절반을 갖게 될 것이다"고 한다. 이 규정은 노예 신분의 남편이 사망한 경우, 남긴 재산을 그의 아내와 공평하게 분할하도록 명시하는데, 이는 노예 신분의 남편은 곧 주인의 소유이고 노예 신분의 남편이 가진 재산도 결국 주인의 소유인 관계로 상속재산의 절반은 노예의 주인에게 돌아가도록 하고 있다. 그런데 그 아내의 경우에는 여전히 자유인의 신분이므로 자녀의 양육을 위해 상속재산의 나머지 절반은 그녀에게 귀속되도록 하는데, 이는 자녀의 복리를 위한 합리적인 규정으로 생각된다.

바. 상속권의 박탈

그 밖에 아버지가 자녀의 상속권을 박탈하는 제도를 두었던 것은 흥미롭다. 이에 관한 규정인 제168조는 "만약 어떤 사람이 그의 자녀의 상속권을 박탈하기 원하여, 법관에게 가서 '나는 나의 자녀의 상속권을 박탈하고 싶습니다'라고 말한다면, 법관은 이러한 원인을 조사할 것이고 만약 그 자녀의 상속권을 박탈할 정당한 이유가 없다면, 그 자녀는 상속으로부터 배제당하지 않을 것이다"고 하며, 제169조는 "만약 그 자녀가 심각한 잘못을 하였고 이러한 잘못이 그의 아버지로 하여금 상속권을 박탈하게 하는 것을 정당화시켜도 그의 아버지는 첫 번째 잘못을 용서해야 한다. 그러나 만약 그가 두 번째의 심각한 잘못을 하였다면, 그 아버지는 그의 상속권을 박탈할 것이다"
고 규정한다. 이러한 규정은 현행 민법의 상속인 결격사유와 유사하
다고 할 것이다.[118] 그러나 다른 점은 상속권의 박탈에 관한 과오를
범하더라도 한 번은 용서할 것을 법에서 명시하고 있다는 점이다.
이는 상속권자인 직계비속의 생계유지와 상속에 대한 기대권을 보
장하는 의미를 가지고 있다. 그렇다면 현행법의 해석에서 이러한 용
서가 가능할 것인가의 문제가 있는데, 이에 대하여는 용서가 가능하
여 상속자격이 인정된다는 견해와 이에 반대하는 견해 등이 대립하
고 있다.

---

118) 현행 민법 제1004조(상속인의 결격사유) 다음 각 호의 어느 하나에 해당한 자는 상속인이
  되지 못한다.
   1. 고의로 직계존속, 피상속인, 그 배우자 또는 상속의 선순위나 동순위에 있는 자를 살해
     하거나 살해하려 한 자
   2. 고의로 직계존속, 피상속인과 그 배우자에게 상해를 가하여 사망에 이르게 한 자
   3. 사기 또는 강박으로 피상속인의 상속에 관한 유언 또는 유언의 철회를 방해한 자
   4. 사기 또는 강박으로 피상속인의 상속에 관한 유언을 하게 한 자
   5. 피상속인의 상속에 관한 유언서를 위조·변조·파기 또는 은닉한 자.

제3장 함무라비 법전의 번역본

1. 머리말(Prologue)

Anunnaki[119]의 존엄하신 왕이신 Anu[120]와 하늘과 땅의 주인이자 지상의 운명을 결정하시는 Bel[121]은 Ea[122]의 유력한 아들인 Marduk[123]에게 인류를 통치할 권한을 주고 그를 Igigi[124] 중에 으뜸으로 세웠다. 그리고 그의 위대한 이름을 따라 Babylon이라 불렀다. 그들이 영원한 제국을 세움으로써 그곳을 지구상에서 가장 위대한 곳으로 만들었을 때, 그 기반은 하늘과 땅의 그것처럼 견고하였다. 그 후 Anu와 Bel께서는 지상에서 실현되어야 하는 정의를 바로 세우고 사악하고 악한 자들을 물리치며 강한 자들이 약한 자들을 억압하는 것을 막기 위하여, 추대된 왕이요 신을 경외하는 자로서 나, Hammurabi를 부르셨다. 이를 위하여 나는 검은 머리의 사람들을 다스리며 그 땅에 빛을 주기 위하여 Shamash[125]처럼 나아갈 것이고, Anu와 Bel처럼 인류의 복지를 증진시킬 것이다.

---

119) 악령으로 하늘의 검은 구름 사이로 형태를 나타낸다.

120) 또는 Ilu, 사랑과 전쟁의 여신인 Ishtar의 아버지로서 Uruk에서 초창기에 숭배되었다.

121) 신, Nippur과 그 밖의 지역에서 숭배된다.

122) 물의 신; 이의 주된 경배지는 Eridu이다.

123) 바빌로니아의 신; 이는 Merodach로서, 종종 성경에서 조합된 이름으로 등장한다.

124) 일종의 혼령으로 하늘의 흰 구름 사이에서 의인화된다.

125) 태양의 신으로 Larsa와 Sippar에 유명한 신전을 가지고 있다.

Bel에 의해 부르심을 받은 존엄자인 나, Hammurabi는 풍요와 번영이 넘쳐나게 하기 위해 Nippur[126)와 Durilu[127)에 필요한 모든 것을 가져다주고, E-kur[128)의 존엄한 후견인이자 Eridu[129)를 되찾아 E-apsu[130)의 제단을 정화시킨 용감한 왕으로서 모든 세계를 정복하여 Babel의 이름을 위대하게 만들었고, 주인이신 Marduk의 마음을 기쁘게 했다. 나는 매일 Esagila[131)에서 제사를 지내며, Sin[132)이 낳은 왕족의 후손으로서 Ur를 부하게 만들었다. 나는 경건하고 순종하는 자로서 Gish-shir-gal[133)에 부를 가져왔다. 나는 Shamash에 의해 총애를 받는 현명한 왕이자 강력한 왕으로서 Sippar[134)의 기초를 다시 세운 권능자이다. 나는 Malkat[135)의 무덤을 녹색으로 뒤덮었고, 천상의 성전처럼 지어진 E-bab-bar[136)를 아름답게 만들었다. Larsa의 수호자이자 전사인 나는 그의 조력자인 Shamash를 위하여 E-bab-bar를 재건하였다. 군주로서 Uruk의 도시에 생명을 주고 그곳의 주민들에게 풍부한 물을 가져다주었다. 나는 E-anna[137)의 탑을 건축하고 Anu와 Nana[138)에 부를 가져왔다. 나는 땅의 수호자로서 흩어져 있

---

126) 바빌로니아의 저명한 도시로서 Nuffar로도 불린다.

127) 바빌로니아의 저명한 도시 또는 다른 견해에 따르면, 이것은 Nippur에 있는 ziggurat로서 Duranku라고 불린다.

128) Nippur에 있는 Bel의 신전.

129) Ea의 숭배를 위한 유명한 장소.

130) 글자 그대로 "해양의 집"이며, Eridu에 있는 Ea의 신전이다.

131) 바빌로니아에 있는 Marduk의 신전.

132) 달의 신으로 Ur에 유명한 신전이 있다.

133) 또한 E-gisgirgal로 기록된다. Ur에 Sin의 신전이 있다.

134) 도시 이름으로 아마도 오늘날 Abu Habba로 추정된다.

135) Shamash의 배우자 또는 생명 없는 자연.

136) Sippar와 Larsa에 있는 Shamash의 신전.

137) Anu의 아내인 Ishtar의 신전으로 Uruk에 있다.

138) Anna 또는 Ishtar와 동일하다. 그녀는 Anu의 딸이다.

던 Isin[139)의 주민들을 다시 모았고, E-gal-mah[140)를 풍요롭게 하였다. 나는 그 도시의 후견왕이자 Za-ma-ma[141)의 형제로서 Kish[142)의 기반을 확고히 하였다. 나는 E-me-te-ur-sag[143)를 영광으로 감쌌고, Harsag-Kalama[144) 신전의 후견인으로서 Nana의 성스러운 보물들과 적들의 무덤을 늘렸다. 나는 Cutha[145)를 부요케 하였고, E-shid-lam[146)에서 모든 것들을 영광스럽게 만든 자이다. 전능한 황소[147)로 적들을 짓밟고 신 Tu-tu[148)의 총애를 받은 나는 도시 Borsippa를 번성하게 만들었다. 위엄 있는 나는 E-zida[149)를 위해 노력을 아끼지 않고 있으며, 그 도시의 신성한 왕이자 현자이며 총명한 나는 Dilbat[150)에서 토지의 경작을 확대하였다. 나는 Urash[151)를 위해 많은 곡식을 바쳤다. 왕의 홀과 왕관을 소유하고 현자인 Ma-ma[152)가 지명한 자인 나는 Kish 신전의 경계를 결정하였다. 나는 Nin-tu[153)의 성스러운 축제를 위하여 넘치도록 봉헌했다. 조심스럽고 사려 깊은 나는 Lagash[154)와 Girsu[155)를 위해 음식과 술을 준비했다. 나는 Nin-girsu의

---

139) Isin 또는 Nisin으로 불린다. 어떤 학자는 Bismaya로 추정하고 있다.

140) Isin의 신전.

141) Kish의 여신.

142) 바빌로니아의 도시.

143) Kish의 근교 도시 또는 그곳의 신전.

144) Kish의 신전.

145) 바빌로니아의 도시 또는 지역.

146) 지하세계를 지배하는 Nergal의 신전.

147) Marduk의 명칭이다. 황소는 셈족의 문헌에서 강함을 빈번하게 상징한다.

148) 어떤 신, 아마도 Marduk의 다른 이름으로 추정된다.

149) Borsippa에 있는 신전.

150) 바빌로니아의 북쪽에 위치한 도시로서 Anu의 부인이며 땅의 여신인 Urash의 숭배로 유명하다.

151) 태양의 여신으로 Ninib로도 불린다.

152) Urash의 배우자.

153) Kish에서 경배되는 여신.

신전에 많은 제물을 바쳤다. 나는 적들을 물리치고 Hallab156)의 말을 사용하는 사제를 선출했다. 나는 Anunit157)의 마음을 기쁘게 했고, 순수한 존엄자인 나의 기도는 Adad158)에 도달하였다. 나는 Karkar159)의 전사인 Adad의 마음을 달랜다. 나는 E-ud-gal-gal160)에 있는 신성한 선박들을 진수하였다. 나는 도시 Adab161)에 생명을 준 왕이자 Emach162)의 지도자이며, 그 도시의 훌륭한 왕이다. 나는 강력한 전사로서 Mashkan shabri163)의 주민들에게 삶을 주었고 shabri의 신전에 풍족함을 주었다. 현명하고 민첩한 나는 산적들의 은신처를 발견하여 토벌했으며, Malka164)의 백성들이 역경에 처했을 때 숨을 곳을 제공하였고 부족함 없이 그들의 거주지를 세워주었다. 나는 Ea165)와 Dam-gal-nun-na166)에게 제물을 봉헌했고 수많은 희생제물을 통해 왕국을 위대하고 영원하도록 만들었다. 나는 그 도시의 훌륭한 왕으로서 Ud-kib-nun-na167) 운하지역을 그의 창조자인 Dagon[Dagan]168)의 영토에 종속시켰다. 나는 Mera169)와 Tutul170)의 주민들에게 해를 끼

---

154) 바빌로니아의 도시로 Shirpurla로 불린다. 오늘날의 Telloh이다.

155) 바빌로니아의 도시.

156) 도시명칭. 오늘날 Aleppo로 추정된다.

157) Ishtar의 다른 명칭.

158) 폭풍우의 신으로 Hallab에서 숭배된다.

159) 바빌로니아의 도시.

160) Karkar의 유명한 신전.

161) 일부 학자에 의해 Bismaya와 동일시된다.

162) Marduk의 신전 내부에 있는 예배당. Esagila에 있다.

163) 확인되지 않은 도시.

164) 확인되지 않은 도시.

165) Eridu에서 숭배되던 신.

166) 바빌로니아의 여신.

167) 또는 Euphrates(유프라테스) 강을 따라서.

168) Canaanite(가나안)의 신, 아마도 바빌로니아의 Bel과 같은 것으로 추정된다.

169) 확인되지 않는 도시들.

치지 않았다. 존엄한 왕인 나는 Ninni[171]의 얼굴을 빛나게 하였고, 신 Ni-na-zu[172]에게 성스러운 곡물을 바쳤다. 나는 곤경에 처했을 때, 주민들을 돌보았고 Babylon에서 그들의 몫을 평화롭게 나누어주었다. 그들의 목자로서 나의 업적들은 Anunit을 매우 기쁘게 하였다. 나는 Agade의 교외에 Anunit를 위하여 Dumash[173]의 신전을 준비하였다. 나는 권리를 선포하고 법을 제정하였다. 나는 수호신 Ashur[174]를 호의로 회복시켰다. 나는 Nineveh의 Ishtar의 이름이 E-mish-mish[175]에 거하도록 허락하였다. 존엄한 나는 위대한 신들 앞에서는 비천한 자요, Sumula-il[176]의 계승자이며, Sin-muballit[177]의 전능한 아들이다. 또한 불후의 왕족 혈통이며 전능한 왕이자 바빌로니아의 태양인 나는 Sumer와 Akkad[178]의 땅에 밝은 빛을 비추었다. 전 세계를 복종시키는 왕이요 Ninni가 친애하는 이가 바로 나이다.

Marduk이 세상 사람들을 통치하고 땅을 보호하기 위하여 나를 보냈을 때, 나는 사람들의 입속에 법과 정의를 두어 나의 백성들에게 행복을 가져다주었다.

---

170) 확인되지 않는 도시들.

171) 또는 Enanna로 알려진 여신.

172) 여신.

173) Agade에 있는 Anunit의 신전.

174) 유명한 도시로 과거에 Assyria의 수도이며, 또한 많은 신전으로 유명하다. 여기서 이러한 언급은 함무라비 법전이 얼마나 오래되었는지를 증명한다.

175) Nineveh에 있는 Ishtar의 신전.

176) 바빌로니아의 선왕.

177) 함무라비의 아버지이며 또한 바빌로니아의 왕.

178) Sumer와 Akkad는 바빌로니아 지역에 대한 과거의 명칭이다. 비록 Sumer로 불리는 지역과 Akkad로 불리는 지역이 어떻게 나뉘는지에 대해서는 의견이 분분하다. 많은 학자들은 바빌로니아에서 셈족보다 앞서 등장하는 수메르인과 아카디안 모두 셈족이 아닌 것으로 본다.

2. 본문

H.1.

"만약 어떤 사람이 타인이 저주를 받았다고 곤경에 빠트렸지만 그가 이를 증명할 수 없다면, 타인을 곤경에 빠트린 자는 사형에 처할 것이다."

H.2.

"만약 어떤 사람이 타인을 저주에 빠졌다고 고발한 다음 피고발인이 강에 뛰어든 경우, 만약 그가 물에 가라앉으면 고발인은 그의 가옥을 취득하게 될 것이다. 그러나 만약 강이 피고발인을 무죄라고 증명하고 그가 아무런 상처 없이 살아난다면 고발인은 사형에 처해질 것이고 피고발인은 고발인의 소유에 속한 가옥을 취득하게 될 것이다."

H.3. - 다른 해석 존재

"만약 어떤 사람이 어떤 범죄에 대하여 타인을 고소하였지만 증인이나 진술을 증명하지 못하였다면, 그 범죄의 형벌이 사형으로 규정된 경우, 그는 사형에 처할 것이다."

H.4. - 다른 해석 존재

"만약 어떤 사람이 곡식 또는 금전과 같은 벌금형이 규정된 범죄에 대하여 타인을 고소하였지만 증인이나 진술을 증명하지 못하였다면, 그는 그 벌금형을 받게 될 것이다."

H.5.

"만약 법관이 사건을 심리·판단한 후 판결문을 송부한 다음, 후에 그의 판결을 변경한다면, 그는 판결문 변경으로 기소될 것이고 소송가액의 12배를 지불해야 한다. 그리고 그는 법관직에서 공공연히 물러날 것이고 결코 법관의 지위에 서지 못하게 될 것이다."

H.6.

"만약 어떤 사람이 신전이나 왕궁의 재산을 훔친다면, 그는 사형에 처해질 것이고 또한 그로부터 훔친 물건을 수령한 자도 사형에 처할 것이다."

H.7.

"만약 어떤 사람이 증인이나 계약서 없이 다른 사람의 자녀나 노예로부터 은이나 금, 노예, 황소 또는 양, 당나귀나 그 밖의 물건을 구입하거나 담보로 수령하면, 그는 절도범으로 취급되고 사형에 처할 것이다."

H.8.

"만약 어떤 사람이 소나 양, 또는 당나귀, 또는 돼지나 염소를 훔친 경우, 그것이 신이나 왕궁에 속한 것이라면 그는 30배를 배상해야 한다. 만약 그것이 자유인의 소유라면 10배를 배상해야 한다. 만약 그가 어떠한 배상도 할 수 없다면 사형에 처할 것이다."

H.9.

"만약 어떤 사람이 자신의 물건을 분실한 다음, 그 물건이 다른 사람의 수중에 있는 것을 발견한 경우, 분실자는 '나는 그 물건이 내 소유임을 증명할 수 있는 자를 데리고 올 것이다'고 말하고 점유자는 '어떤 상인이 그것을 나에게 매각했고 나는 증인 앞에서 대금을 지급했다'고 말한다. 그런 다음 점유자는 자신에게 물건을 매각한 상인을 출석시켜야 하고 소유자는 그의 소유를 증명해줄 증인을 출석시켜야 한다. 법관은 그들의 증언을 검토한다. 그 결과 상인이 유실물을 횡령한 것으로 판단되면 그는 사형에 처할 것이다. 분실자는 자신의 물건을 반환받게 되고 점유자는 상인의 재산으로부터 자신이 지급한 대금을 반환받을 것이다."

H.10.

"만약 점유자가 상인과 그가 물건을 구입한 것을 증명해줄 증인을 세우지 못한 반면, 그 물건의 소유자가 그의 소유임을 입증할 증인을 세웠다면, 점유자는 절도범으로 간주되어 사형에 처하게 될 것이고 소유자는 자신의 분실물을 회복하게 될 것이다."

H.11.

"만약 소유자가 자신의 분실물을 증명할 증인을 세우지 못한다면, 그는 악행을 저지른 자로서 법을 위반한 것이고 결국 사형에 처해질 것이다."

H.12.

"만약 상인이 소송기간 동안 사망했다면, 점유자는 소송가액의 5배를 상인의 재산에서 지급받게 될 것이다."

H.13.

"만약 증인이 근처에 거주하지 않는 경우, 법관은 6개월 이내의 기간을 부여하고 만약 그 기간 내에 증인이 출석하지 않는다면, 증인을 세우고자 했던 자는 악인이고 소송가액에 해당하는 벌금을 받게 된다."

H.14.

"만약 어떤 사람이 다른 사람의 미성년인 자녀를 유괴한다면, 그는 사형에 처해질 것이다."

H.15.

"만약 어떤 사람이 법정의 노예 또는 자유인의 노예를 납치한다면, 성문의 밖에서 그는 사형에 처해질 것이다."

H.16.

"만약 어떤 사람이 그의 집에 도망친 법정의 노예 또는 자유인의 노예를 보호하고 관리의 소환에 응하지 않는다면, 그 집의 주인은 사형에 처해질 것이다."

H.17.

"만약 어떤 사람이 개방된 도시에서 도망친 노예를 발견하고 그를 주인에게 인계한다면, 그 노예의 주인은 은 2세켈을 지급할 것이다."

H.18.

"만약 그 노예가 주인의 이름을 말하지 않는다면, 발견자는 그를 궁전에 데려갈 것이며, 심도 깊은 조사가 따른 다음 그 노예는 그의 주인에게 반환될 것이다."

H.19.

"만약 그가 그의 집에 노예를 데리고 있다가 그들이 그곳에서 생포한다면, 그는 사형에 처해질 것이다."

H.20.

"만약 그가 생포했던 노예가 도망가고, 그 후 그가 노예의 주인에게 맹세를 하면 책임을 면하게 될 것이다."

H.21.

"만약 어떤 사람이 절도를 위하여 가옥에 구멍을 뚫은 경우, 그는 그 구멍 앞에서 죽게 되고 그곳에 매장될 것이다."

H.22.

"만약 어떤 사람이 강도를 저지르다 체포된 경우, 그는 사형에 처할 것이다."

H.23.

"만약 노상강도가 잡히지 않는 경우, 그가 입은 손해에 대해 맹세한다면 강도가 발생했던 지역의 관리나 원로는 빼앗긴 물건에 대한 보상을 할 것이다."

H.24. - 다른 해석 존재

"만약 노상강도에 의해 사람이 사망한 경우, 강도가 발생했던 지역의 관리나 원로는 사망한 자의 친족에게 은 1미나를 지급해야 한다."

H.25.

"만약 어떤 집에 화재가 발생하였고 이를 진화하기 위해 현장에 간 사람이 화재가 발생한 집의 재산에 눈독을 들여 이를 절취했다면, 그는 그 불속에 던져질 것이다."

H.26.

"만약 전쟁을 위하여 참전하도록 명령받은 지휘관이나 병사가 그곳에 가지 않고 대신 용병을 고용하였다면, 그 후 위와 같은 지휘관 또는 병사는 사형에 처하게 될 것이고 대리 복무자는 그의 집을 취득하게 될 것이다."

H.27.

"만약 지휘관이나 병사가 전쟁터에서 포로가 되었고, 만약 그의 토지와 과수원이 다른 사람에게 이전되어 점유되고 있다면, 그 후 그가 귀환하여 그의 고향으로 돌아온다면 그의 토지와 과수원은 그에게 반환될 것이고 그것을 다시 소유하게 될 것이다."

H.28.

"만약 지휘관 또는 병사가 전쟁터에서 포로가 되었는데, 만약 그의 자녀가 그의 가사를 돌볼 수 있다면 농경지와 과수원은 그 자녀에게 주어질 것이고 그는 그의 아버지의 재산을 갖게 될 것이다."

H.29.

"만약 그의 자녀가 미성년인 관계로 그의 가사를 돌볼 수 없다면, 토지와 과수원의 3분의 1은 그의 어머니에게 상속될 것이고 그는 그 자녀를 양육해야 한다."

H.30.

"만약 지휘관 또는 병사가 그의 가옥, 과수원 그리고 토지를 방치하였고 누군가가 이러한 것들을 점유하고 3년 동안 사용하였다면, 만약 첫 번째 소유자가 귀환하고 이러한 것들을 반환 청구하여도 그에게 귀속되지 않을 것이지만 이를 점유하고 사용했던 자는 그것을 계속 사용할 수 있을 것이다."

H.31.

"만약 그가 1년 동안 자신의 가옥, 과수원 그리고 토지를 남겨두고 다시 귀환한다면 이러한 것들은 그에게 돌아갈 것이고 그는 다시 이를 인수받을 것이다."

H.32.

"만약 지휘관 또는 병사가 전쟁에서 포로가 되고 상인이 그를 매수하고 해방시켜 그를 고향으로 돌려보낸다면, 만약 그가 그의 집에 자신의 몸값을 지불할 재산이 있다면, 그는 자신의 몸값을 지불할 것이다. 만약 그가 그의 집에 자신의 몸값을 지불할 재산이 없다면, 그의 몸값은 그의 고향의 신전에서 지불할 것이다. 만약 그의 몸값을 지불할 신전이 없다면 법원이 이를 지불할 것이다. 그의 토지, 과수원 그리고 가옥은 그의 몸값을 위하여 지불되지 않을 것이다."

H.33.

"만약 사령관 또는 행정관이 군대에 가지 않기 위해 타인의 이름을 등록하고 대신 용병을 보낸다면 사형에 처할 것이다."

H.34.

"만약 사령관 또는 행정관이 군인의 재산을 취하거나, 그를 약탈하거나, 그를 노역에 제공하거나, 그를 소송에 세우거나 또는 왕에게 하사받은 물건을 빼앗는다면 그는 사형에 처할 것이다."

H.35.

"만약 어떤 사람이 왕이 지휘관에게 하사한 소나 양을 매수한다면, 그는 매매대금을 상실하게 될 것이다."

H.36.

"지휘관, 병사 또는 면역지를 소유하는 사람의 토지, 과수원 그리고 가옥은 매매의 대상이 되지 않는다."

H.37.

"만약 어떤 사람이 지휘관, 병사 또는 면역지를 소유하는 사람의 토지, 과수원 그리고 가옥을 매입한다면, 그의 매매계약서는 깨질 것이고 그는 매매대금을 상실할 것이다. 당해 토지, 과수원 그리고 가옥은 본래의 소유자에게 반환된다."

H.38.

"지휘관, 병사 또는 면역지를 소유하는 자는 그가 보유하는 토지,

가옥 그리고 과수원을 그의 아내 또는 딸에게 증여할 수 없고 채무의 담보로 제공할 수도 없다."

H.39.

"그러나 그가 매수하여 보유하고 있는 농지, 과수원 또는 가옥은 그의 아내 또는 딸에게 증여할 수 있고 채무의 담보로 제공할 수 있다."

H.40.

"그는 상인(국가에서 허가한) 또는 다른 공무수행자에게 농지, 과수원 또는 가옥을 매각할 수 있으며, 매수인은 그것을 사용하기 위하여 농지, 과수원 또는 가옥을 점유할 수 있다."

H.41. - 다른 해석 존재

"만약 어떤 사람이 지휘관, 병사 또는 면역지를 소유하는 사람의 토지, 과수원 그리고 가옥에 울타리를 치고 그곳에 말뚝을 설치하였다면, 만약 그 지휘관, 병사 그리고 면역지를 소유하는 사람이 토지, 과수원 그리고 가옥을 반환받는다면, 설치된 말뚝은 그의 소유가 될 것이다."

H.42.

"만약 어떤 사람이 농경지를 경작하기 위해 인도받고 그곳으로부터 어떠한 수확을 얻지 못했는데 그가 그 농경지에서 일하지 않았음이 증명되었다면, 그는 농경지의 소유자에게 그의 이웃의 수확량만큼의 곡물을 인도해야 한다."

H.43.

"만약 그가 농경지를 경작하지 않고 그것을 휴경지로 남겨두었다면, 그는 농경지의 소유자에게 그의 이웃의 수확량만큼의 곡물을 인도해야 하고 그는 그 휴경지를 쟁기질하고 씨를 뿌린 후 소유자에게 반환해야 한다."

H.44. - 다른 해석 존재

"만약 어떤 사람이 황무지를 경작지로 만들기 위하여 이를 인수하였지만, 그가 3년 동안 게으름을 피우고 이를 경작지로 만들지 않았다면, 그는 4년이 되던 해에 황무지를 일구고 써레질하며 이를 경작한 다음, 그 토지를 소유자에게 반환해야 한다. 그리고 매년 그는 각 10Gan(토지의 면적)당 곡식 10Gur를 배상해야 할 것이다."

H.45.

"만약 어떤 사람이 자신의 토지를 확정된 차임으로 다른 사람에게 임대하고 그 토지에 대한 차임을 수령하였지만, 폭풍이 오고 수확이 없는 경우 그 손실은 임차인이 부담하게 될 것이다."

H.46.

"그러나 만약 그가 자신의 토지에 대한 확정된 차임을 수령하지 않고 차임을 2분의 1 또는 3분의 1로 약정한 경우, 수확물을 경작자와 경작지 소유자가 약정에 따라 배분하게 될 것이다."

H.47.

"만약 임차인이 첫 해에 수확이 좋지 못했기 때문에 경작지를 전

대하였다면, 임대인은 이의를 제기하지 못하며 약정에 따라 수확물을 나눠 갖게 될 것이다."

H.48.

"만약 어떤 사람이 소비대차계약에 의해 채무를 부담하고 폭풍이 곡식을 넘어뜨리거나 곡식이 물 부족으로 성장하지 않는다면, 그 해에 차주는 대주에게 아무런 곡식을 제공할 필요가 없고 그는 물로써 그의 채권증서를 씻을 수 있으며 그 해에 이자도 지급할 필요가 없다."

H.49.

"만약 어떤 사람이 상인으로부터 금전을 차용하고 담보로서 곡식이나 참깨를 경작할 수 있는 토지를 제공한 다음, '이 토지에서 곡식이나 참깨를 경작하고 수확물을 취득해라'고 말하였다면, 만약 경작자가 그 토지에서 곡식 또는 참깨를 생산한 다음 추수기에 수확한 곡식 또는 참깨는 토지 소유자의 재산이 될 것이고 그는 자신이 수령했던 금전과 이자 그리고 경작자의 생활비를 곡물로 대신 지급할 수 있을 것이다."

H.50.

"만약 어떤 사람으로부터 금전을 차용한 사람이 담보로 제공한 토지에 곡식이나 참깨가 이미 경작되어 있다면, 그 토지에 있는 곡식과 참깨는 그 토지 소유자의 소유에 속하고 그는 상인에게 이자와 함께 금전을 지급할 것이다."

H.51.

"만약 어떤 사람으로부터 금전을 차용한 사람이 변제할 금전이 없다면, 그는 상인에게 차용한 금전에 대해 현재의 시가에 따라 곡식과 참깨로 변제할 수 있고 또한 이자는 왕이 정한 표에 따라 지급할 것이다."

H.52. - 다른 해석 존재

"만약 경작자가 그 토지에서 곡식 또는 참깨를 경작하지 않는다면, 그 채무자의 계약은 효력을 상실한다."

H.53.

"만약 어떤 사람이 자신의 댐을 적절한 상태로 유지하는 것을 게을리하고 그의 댐을 튼튼하게 관리하지 못하였다면, 그리고 만약 균열이 발생하여 목초지에 수해가 발생하였다면, 균열이 발생한 댐의 소유자는 수해에 의해 발생한 손해를 배상할 것이다."

H.54.

"만약 그가 손해를 배상하지 못한다면, 그의 재산은 금전으로 환가되고 수해의 피해자들이 그것을 나눠 갖게 될 것이다."

H.55.

"만약 어떤 사람이 자신의 농사를 위해 관개수로를 개방하다가 과실로 그 이웃 경작지에 수해가 발생하였다면, 그는 그의 이웃에게 곡식으로 배상해야 할 것이다."

H.56.

"만약 어떤 사람이 물을 대다가 그 물을 이웃 토지의 경작지에 흐르게 하여 손해를 발생시켰다면, 그는 각 토지의 10Gan마다 10Gur의 곡식을 배상해야 할 것이다."

H.57.

"만약 목동이 토지 소유자의 동의 또는 허락 없이 그의 양들에게 꼴을 먹였다면, 그 소유자는 그의 토지로부터 수확을 할 것이고 토지 소유자의 허락 없이 그의 양들에게 꼴을 먹인 목동은 각 토지의 10Gan마다 20Gur의 곡식을 배상해야 할 것이다."

H.58.

"만약 양들이 목초지를 떠나고 도시 성문이 닫힌 다음, 그 목동이 다시 그 목초지로 돌아와서 그의 양들에게 꼴을 먹였다면, 그 목동은 그가 양들을 방목했던 목초지를 취득하지만, 그는 각 토지의 10Gan마다 60Gur의 곡식을 토지 소유자에게 배상해야 할 것이다."

H.59.

"만약 어떤 사람이 과수원 소유자의 동의 없이 그 과수원에 있는 나무를 벌목하였다면, 그는 은 2분의 1미나를 배상해야 할 것이다."

H.60.

"만약 어떤 사람이 자신의 토지를 과수원으로 경작하기 위하여 임차인에게 인도하였다면, 그리고 그가 그것을 경작하고 4년 동안 관리하였다면, 5년이 되는 해에 토지의 소유자와 임차인은 수확물을 분배할 것이고 소유자는 차임으로 자신의 몫을 가져갈 것이다."

H.61.

"만약 임차인이 그 토지 전체에 경작을 완료하지 못하고 일정 부분
을 남겨두었다면, 이러한 부분의 수확량은 그의 몫에 포함될 것이다."

H.62.

"만약 임차인이 과수원으로서 그에게 인도된 토지를 경작하지 않
는다면, 그런데 그 토지가 옥수수나 깨를 경작할 수 있는 토지라면
임차인은 이웃 토지의 소출에 비례하여 임대인에게 그 토지를 방치
했던 기간만큼의 산출물을 지급해야 하며 그 토지를 경작 가능한 상
태로 만들고 이를 임대인에게 반환해야 할 것이다."

H.63.

"만약 임차인이 황무지를 경작 가능한 토지로 개간하고 이를 토지
의 소유자에게 반환하였다면, 그 토지의 소유자는 그에게 1년에 토
지 10Gen당 10Gur를 지급해야 할 것이다."

H.64.

"만약 어떤 사람이 그의 과수원을 경작을 시키기 위해 타인에게
인도하였다면, 과수원의 경작자는 그 과수원의 소유자에게 자신이
과수원을 점유하고 있는 동안, 산출물의 3분의 2는 소유자에게 지급
될 것이며, 그리고 3분의 1은 경작인에게 속할 것이다."

H.65.

"만약 과수원의 임차인이 게을러 소출이 감소한 경우, 임차인은 다른 이웃 과수원의 산출물에 해당하는 것을 지급해야 할 것이다."

H.66 ~ H.99.

이 부분은 앞에서 언급하였듯이 함무라비왕의 사후, 다른 정복자에 의해 삭제되었다. 여기에 대하여 대부분 학자들은 적어도 30여 개의 규정이 삭제되었다고 견해를 같이하고 있다. 하지만 다행인 것은 Ashurbanipal[179])의 장서에서 발견된 함무라비의 법전 일부에서 삭제된 부분의 내용을 대략적으로 유추해볼 수 있다는 점이다.

A. "만약 어떤 사람이 상인에게서 금전을 차용하고 그에게 대추야자 농장을 인도하면서 '나의 농장에서 산출되는 대추야자 열매는 당신의 금전을 위해 가져갈 것이다'고 말하였는데, 상인이 이를 거절하였다면, 위 대추야자 열매는 농장의 소유자가 취득하게 될 것이고 농장 소유자는 그의 채권증서에 따라 원금과 이자에 대하여 상인에게 항변할 수 있을 것이다. 대추야자 열매의 수확량이 많다면 농장의 소유자가 그것을 가져갈 것이다."

B. "……타인의 집에 거주하는 사람이 집 주인에게 그 해에 해당하는 차임을 전부 지급하였다면, 그 집 주인이 임차인에게 아직 기간이 남아 있음에도 나갈 것을 명한 경우, 임대인은 임차인이 자신에게 지급한 금전을……"

___

179) BC 668~627년에 아시리아를 통치했던 왕.

C. "만약 어떤 사람이 금전이나 곡물로 변제를 해야 하지만, 지급할 금전이나 곡물은 없지만 동산이 있다면, 그의 수중에 있는 것이 무엇이든지, 증인의 면전에서 그가 가져온 것을 그는 상인에게 지급할 것이다. 그 상인은 이를 거절하지 못하며, 그는 그것을 수령하여야 한다."

H.100.

"……그가 수령한 만큼의 금전에 상응하는 이자, 그는 이를 위하여 계약증서를 교부하여야 할 것이고 합의가 된 날에 그는 상인에게 지급할 것이다."

H.101.

"만약 그가 간 장소에 시장이 열리지 않는 경우[예컨대 만약 성공하지 못한다면], 중개인은 그가 수령한 금전 그대로를 상인에게 반환해야 할 것이다."

H.102.

"만약 상인이 일정한 투자를 위하여 중개인에게 금전을 맡기고 그 중개인이 투자한 곳에서 손실을 봤다면 중개인은 상인에게 원금을 반환해야 할 것이다."

H.103.

"만약 그가 여행 도중에 도적으로부터 그가 받았던 것을 빼앗긴 경우, 그 중개인은 신 앞에 맹세하고 채무로부터 자유로워질 것이다."

H.104.

"만약 상인이 중개인에게 교역을 위하여 곡물, 양털, 기름 또는 그 밖의 다른 물건을 인도했다면, 그 중개인은 그 수량을 표시한 영수증을 상인에게 발급해야 할 것이다. 그런 다음, 그는 상인에게 지급된 금전을 위한 수령증을 받아야 할 것이다."

H.105.

"만약 중개인이 부주의하여 그가 상인에게 지급한 금전에 대한 수령증을 받지 못하였다면, 그는 자신이 수령증을 받지 못한 금전을 자기의 계산에 넣지 못할 것이다."

H.106.

"만약 중개인이 상인으로부터 금전을 취득하였는데, 이것에 대하여 상인과 분쟁이 발생하였다면, 상인은 그 돈에 대하여 신과 증인들 앞에서 그 중개인을 고소할 것이다. 그 후 유죄판결이 내려진다면, 그 중개인은 그가 받았던 금액의 3배를 배상해야 할 것이다."

H.107.

"만약 상인이 중개인을 기망하고 그 중개인이 상인으로부터 받은 금전을 이미 반환하였는데, 상인이 위와 같은 수령한 사실을 부인한다면, 그 후 중개인은 신과 증인들 앞에서 그 상인을 고소할 것이다. 만약 상인의 거짓말이 밝혀진다면, 상인은 중개인에게 그 금액의 6배를 배상해야 할 것이다."

H.108.

"만약 술집의 주인이 술값으로 곡물을 받지 않고 돈을 받거나 곡물의 값어치보다 적게 술값을 계산한다면, 그녀는 유죄판결을 받고 강물에 던져질 것이다."

H.109.

"만약 범죄자들이 술집에서 모임을 갖고 있는데, 술집주인이 이들을 체포하여 법정에 인계하지 않는다면, 술집주인은 사형에 처한다."

H.110.

"만약 여사제가 술집을 열거나 음주를 위해 술집에 들어간다면, 그녀는 화형에 처해질 것이다."

H.111.

"만약 여자 술집주인이 Usakani[180]로 60Ka를 공급했다면, 그녀는 추수기에 50Ka의 곡물로 대신 수령할 것이다."

H.112.

"만약 어떤 사람이 여행 중에 은, 금, 값비싼 원석 또는 그의 수중에 있는 고가물을 운송하기 위해 맡겼다면, 그런데 운송인이 위와 같은 물건을 약정된 장소에 운송하지 않았을 뿐만 아니라 그것들을 착복하였다면, 그에게 맡겨진 물건을 운송하지 않은 그 사람은 해명을 위해 소환될 것이고, 그는 자신에게 맡겨진 물건의 5배를 그 물건의 소유자에게 배상해야 한다."

---

180) 함무라비 법전이 제정될 당시의 술 이름이다.

H.113.

"만약 어떤 사람이 다른 사람에게 속한 곡식 또는 금전에 대하여 권리를 주장하고 그가 그 소유자의 동의 없이 곡물더미나 농경지로부터 이를 가져간다면, 그 사람은 소유자의 동의 없이 곡물더미나 농경지로부터 곡식을 가져간 것에 대하여 법정에 서게 되고 그는 자신이 가져간 것을 곡식을 반환해야 한다. 그는 그에게 지불되어야 할 모든 것을 잃게 될 것이다."

H.114.

"만약 어떤 사람이 다른 사람에게 속한 곡식 또는 금전에 대하여 권리가 없음에도 이를 주장하고 압류를 하였다면, 그는 압류한 건마다 은 3분의 1미나를 배상할 것이다."

H.115.

"만약 어떤 사람이 다른 사람에 대하여 곡식 또는 금전에 대한 권리를 주장하고 그를 투옥하였는데, 그가 그곳에서 자연사한다면 이 사건에 대하여는 묻지 않는다."

H.116.

"만약 투옥된 자가 폭행 또는 학대에 의해 사망한다면, 투옥된 자의 주인은 투옥한 자를 유죄판결을 받게 할 수 있다. 만약 사망한 자가 자유인의 자녀라면 투옥한 자의 자녀는 죽음에 처하게 될 것이고 만약 그가 노예라면 투옥한 자는 은 3분의 1미나를 지급해야 한다. 그리고 그가 지급했던 대여금은 몰수당하게 될 것이다."

H.117.

"만약 어떤 사람이 채무를 변제하지 않는다면, 그 자신, 그의 아내, 그의 아들과 딸을 금전을 위해 매각하거나 그들을 강제노동을 위해 보낸다면, 그들은 그들을 데리고 간 사람 또는 사업주의 집에서 3년 동안 일하고 4년째 해방될 것이다."

H.118.

"만약 그가 강제노동을 위하여 남자 또는 여자 노예를 구속하고 그 상인이 금전을 취득하기 위하여 그들을 다른 사람에게 보낸다면, 어떠한 반대도 할 수 없을 것이다."

H.119.

"만약 어떤 사람이 채무를 부담하고 변제를 위하여 여자 노예를 매각하였는데, 그 여자 노예가 그의 자녀를 출산하였다면, 그 노예의 소유자는 상인이 지급한 금전을 반환할 것이고 그는 그의 여자 노예를 해방시켜야 한다."

H.120.

"만약 어떤 사람이 다른 사람의 집에 안전한 보관을 위해 옥수수를 맡겼는데 창고에 있던 옥수수에 어떤 손상이 발생하거나, 만약 그 집의 소유자가 곡물창고를 열고 옥수수의 일부를 가져갔거나, 만약 그가 자신의 집에 보관되어 있던 옥수수에 대해 부정한다면, 옥수수의 소유자는 그의 옥수수에 대해 신 앞에 맹세를 하고 그 집의 소유자는 그가 가져간 모든 옥수수를 반환해야 할 것이다."

H.121.

"만약 어떤 사람이 다른 사람의 집에 곡물을 보관시켰다면, 그는 매년마다 1Gur의 보관료를 지불해야 할 것이다."

H.122.

"만약 어떤 사람이 다른 사람에게 보관을 위하여 은, 금 또는 그 밖의 물건을 인도한다면, 그는 몇몇 증인들에게 모든 임치물을 보여주고 계약서를 작성해야 하며, 그 후 안전한 보관을 위해 임치물을 인도해야 한다."

H.123.

"만약 어떤 사람이 증인이나 계약서를 작성하지 않고 어떤 물건을 맡겼는데, 보관이 있었던 사실을 부정한다면, 이 경우에 어떠한 법적인 구제방법도 없을 것이다."

H.124.

"만약 어떤 사람이 증인의 면전에서 은, 금 또는 어떠한 것을 맡겼는데, 임치인이 이러한 사실을 부정한다면, 그는 임치인을 법정에 서게 할 것이고 만약 그가 유죄라면, 부정하였던 것이 무엇이든지간에 그는 모든 것을 배상해야 한다."

H.125.

"만약 어떤 사람이 안전한 보관을 위하여 다른 사람에게 그의 재산을 맡겼는데, 그곳에서 도둑이나 강도가 들어 그의 재산과 다른 사람의 재산이 사라진 경우, 그러한 손실이 발생하는데 과실이 있는 그 집의 소유자는 그에게 맡겨진 물건의 소유자에게 보상해야 한다. 그러나 그 집의 소유자는 도둑을 추적하여 그의 재산을 회복하고 그로부터 그것을 탈환할 수 있을 것이다."

H.126. - 다른 해석 존재

"만약 어떠한 것도 분실하지 않은 사람이 그가 무엇인가를 분실했다고 말하고 거짓 소송을 제기한다면, 그는 신 앞에서 허위의 분실 사실이 알려지게 될 것이고 그는 그가 주장한 손실 모든 것을 보상받게 될 것이다."

H.127.

"만약 어떤 사람이 무녀나 타인의 아내에 대하여 비방하고 이를 입증할 수 없다면, 그는 법관 앞에 끌려나오고 그의 이마에 새겨질 것이다."

H.128.

"만약 어떤 사람이 아내를 맞이하면서 그녀와 계약서를 작성하지 않는다면, 이 여자는 아내가 아니다."

H.129.

"만약 어떤 남자의 아내가 다른 남성과 간통죄의 현행범으로 체포되었다면, 당사자 모두 포박당해 물에 던져질 것이다. 그러나 그녀의 남편은 그녀를 용서하고 왕은 그의 백성을 용서할 수 있다."

H.130.

"만약 어떤 사람이 남자를 알지 못하고 여전히 그녀의 아버지의 집에서 거주하고 있는 다른 사람의 아내(약혼녀나 어린 아내)를 강간하고 그녀와 동침 중에 체포되었다면 이 사람은 사형에 처해지지만 그 아내는 무죄이다."

H.131.

"만약 어떤 사람이 그의 아내를 고소했지만 그녀는 다른 남자와 동침하지 않았다면, 그녀는 신 앞에 맹세하고 그녀의 아버지의 집으로 돌아갈 것이다."

H.132.

"만약 비난이 어떤 남자의 아내에게 향하였지만, 그녀가 다른 남자와 동침한 사실이 없다면, 그녀는 그녀의 남편의 이해를 위하여 강에 뛰어들어야 할 것이다."

H.133.

"만약 어떤 사람이 전쟁포로가 되고 그의 집에 재산이 있는데, 그의 아내가 그의 집을 떠나 다른 사람에 집에 들어간다면(다른 남자와 혼인한다면), 그녀는 자신의 정조를 지키지 않고 다른 사람의 집에 들어간 이유로, 법에 따라 유죄판결을 받고 강에 던져질 것이다."

H.134.

"만약 어떤 사람이 전쟁포로가 되고 그의 집에 재산이 없다면, 그의 아내가 다른 사람의 집에 들어간다면(다른 남자와 혼인한다면),

이 여성은 어떠한 처벌도 받지 않을 것이다."

H.135.

"만약 어떤 사람이 전쟁포로가 되고 그의 집에 생계를 유지할 수 있는 재산이 없어 그의 아내가 다른 사람의 집에 들어가서 그의 자녀를 출산하였다면, 그런데 그 후 그녀의 남편이 생환하여 집에 돌아온다면 그녀는 첫 번째 남편에게 돌아갈 것이지만 자녀들은 그들의 아버지(두 번째 남편)에게 남겨둘 것이다."

H.136.

"만약 어떤 사람이 그의 집을 나와 멀리 떠나고 그 결과 그의 아내가 다른 남자의 집에 들어간다면, 그 후 그가 돌아와 그의 아내를 데려가기 원하더라도 그가 그의 집을 나와 멀리 떠났기 때문에 그의 아내는 그에게 되돌아가지 않을 것이다."

H.137.

"만약 어떤 사람이 그의 자녀를 출산한 첩이나 그의 자녀를 출산한 아내와 이혼하기를 원한다면, 그는 그 여성에게 지참금을 반환하고 그녀가 자녀들을 양육할 수 있도록 농지, 과수원 그리고 일정한 재산에 대한 사용권을 지급해야 한다. 그녀가 자녀들을 양육하였을 때, 그녀의 자녀들이 상속하게 될 재산에서 한 자녀의 상속분을 받게 될 것이다. 그 후 그녀는 자신이 선택한 남성과 혼인할 수 있다."

H.138.

"만약 어떤 사람이 자녀를 출산하지 못한 아내와 이혼하기를 원한다면, 그는 아내에게 신부대금만큼의 금전과 그녀가 친정에서 가져온 지참금을 지급해야 한다. 그 후 아내와 이혼할 수 있다."

H.139.

"만약 지급할 신부대금이 없다면, 그는 이혼을 위해 은 1미나를 지급해야 한다."

H.140.

"만약 그가 평민이라면, 그는 아내에게 은 3분의 1미나를 지급해야 한다."

H.141.

"만약 남편의 집에 살고 있는 아내가 그 집을 떠나기로 마음먹고 사치를 하여 빚을 지게하거나 집을 황폐화시키거나 그녀의 남편을 무시한다면, 그는 그녀를 재판에 회부할 수 있을 것이다. 만약 그녀의 남편이 이혼에 동의한다면, 그는 그녀를 떠나보낼 수 있다. 그는 이혼에 대한 어떠한 것도 주지 않아도 된다. 만약 그녀의 남편이 이혼을 동의하지 않는다면, 그는 새로운 아내를 맞이하고 전처는 하녀로서 그 집에 남게 될 것이다."

H.142.

"만약 어떤 아내가 그녀의 남편과 다투고 '당신은 나와 맞지 않는다'고 말한다면, 그 후 그녀의 적대감에 대한 원인이 조사돼야 한다. 만약 그녀에게 비난의 소지나 잘못이 없고 그녀의 남편이 그녀를 유기하거나 업신여겼다면, 그녀는 지참금을 가지고 그녀 아버지의 집으로 돌아갈 것이다."

H.143.

"만약 그녀가 검소하지 않고, 만약 그녀가 사치스럽고 그녀의 남편을 무시하였다면 그들은 그 여성을 강물에 던질 것이다."

H.144.

"만약 어떤 사람이 아내를 맞이하였는데, 그 아내가 그녀의 남편에게 여종을 동침하게 하고 그 여종이 자녀를 출산하였다면, 남편은 다른 아내를 맞아들이는 것이 허용되지 않을 것이다. 그는 두 번째 아내를 얻을 수 없다."

H.145.

"만약 어떤 사람이 아내를 얻었는데, 그녀가 자녀를 출산하지 못하여 첩을 얻기로 결심하였다면; 만약 그가 첩을 얻어 자신의 집에 들이더라도 그 첩은 그의 아내와 동등한 지위에 서지 못할 것이다."

H.146.

"만약 어떤 사람이 아내를 얻었고 (그 아내가 출산을 하지 못하여) 그녀가 남편에게 여종을 동침하게 하여 여종이 남편의 아이를 출산한 다음, 여종이 그녀의 여주인과 동등해지려고 한다면, 그녀의 여주인은 여종이 남편의 아이를 출산한 관계로 매각할 수는 없지만 그 여종을 여전히 하녀로서 취급할 것이다."

H.147.

"만약 그녀가 아이를 출산하지 못한다면, 여주인은 그녀를 매각할 것이다."

H.148.

"만약 어떤 사람이 아내를 맞이하였는데, 그녀가 병에 걸린 다음 그가 두 번째 아내를 얻으려고 병든 아내를 쫓아내지 못할 것이다. 다른 한편, 그녀는 그가 지은 집에서 거주할 것이고 그는 그녀가 살아 있는 동안 그녀를 돌봐야 할 것이다."

H.149.

"만약 병든 아내가 그녀의 남편에 집에 거하는 것을 원하지 않는다면, 그는 그녀에게 그녀의 아버지 집으로부터 가져온 지참금을 돌려주어야 하고 그녀는 떠날 것이다."

H.150.

"만약 어떤 사람이 그의 아내에게 경작지, 과수원, 가옥, 그 밖의 재산 그리고 이러한 물건에 대한 봉인된 양도증서를 증여한 후 사망했다면 그녀의 자녀들은 이에 대한 권리를 주장할 수 없다. 그녀는 자신이 사랑하는 자녀의 일부에게 이를 남길 수 있지만 그렇지 않은 자녀에게는 남길 필요가 없다."

H.151.

"만약 남편의 집에 거주하는 부인이 남편의 어떤 채권자도 자신을 체포할 수 없다는 내용의 증서를 작성하였다면, 그 남편이 혼인 전에 부담했던 채무를 근거로 채권자는 그녀를 체포할 수 없다. 그리고 만약 부인이 남편의 집에 들어가기 전에 채무를 부담하고 있었다면 그녀의 채권자는 남편에게 책임을 묻지 못한다."

H.152.

"만약 부인이 남편의 집에 들어간 후, 부부가 채무를 부담했다면, 그들은 상인에게 변제해야 한다."

H.153.

"만약 유부녀가 다른 남자 때문에 그들의 배우자(그녀의 남편과 다른 남자의 부인)를 살해하였다면, 그들 모두는 척살형에 처해질 것이다."

H.154.

"만약 어떤 남자가 그녀의 딸과 성관계를 맺었다면, 그는 그의 도시로부터 추방당할 것이다."

H.155.

"만약 어떤 남자가 그의 아들에게 한 여자를 약혼시키고 그의 아들이 그녀와 동침하였는데, 그 후에 그의 아버지가 그녀와 성관계를 맺다가 발각되었다면, 그들은 그를 묶어서 강물에 던질 것이다."

H.156.

"만약 어떤 남자가 그의 아들에게 신붓감을 맞이하게 하고 그의 아들이 그녀와 동침하지 않았는데, 그의 아버지가 그녀와 성관계를 맺었다면, 그는 은 2분의 1미나를 배상하고 그녀를 그녀의 아버지의 집으로 돌려보낼 것이다. 그녀는 그녀의 선택에 따라 다른 남자와 혼인할 것이다."

H.157.

"만약 어떤 남자가 그의 아버지가 사망한 후에 그의 어머니와 동침한다면, 그들 모두 화형에 처할 것이다."

H.158.

"만약 어떤 남자가 그의 아버지가 사망한 후에 그의 아버지의 자녀를 출산한 계모와 동침한다면, 그는 그의 아버지의 집으로부터 쫓겨날 것이다."

H.159.

"만약 어떤 사람이 (장래에 있어서) 그의 장인집에 약혼선물과 신부대금을 지급한 다음, 다른 여성을 생각하고 장인에게 '나는 당신을 딸을 아내로 맞이할 수 없습니다'라고 말한다면, 약혼녀의 아버지는 그가 가져온 모든 것을 갖게 될 것이다."

H.160. - 다른 해석 존재

"만약 어떤 사람이 그의 장인집에 약혼선물과 신부대금을 지급했는데, 그 후 장인이 '나는 너에게 내 딸을 줄 수 없다'고 한다면 장인은 그가 받았던 모든 것을 반환해야 할 것이다."

H.161.

"만약 어떤 사람이 그의 장인집에 약혼선물과 신부대금을 지급했는데, 그 후 그의 친구가 그를 비방하였고, 이에 장인이 '너는 내 딸을 데리고 갈 수 없다'고 한다면 그는 지급했던 모든 것을 반환받지만, 그 친구는 그녀와 혼인할 수 없다."

H.162.

"만약 어떤 사람이 아내를 맞이하고 그녀가 자녀를 출산하였는데, 그 후 그녀가 사망하였다면 그녀의 아버지는 그녀의 지참금에 대하여 아무런 권리를 주장하지 못한다. 이것은 그녀의 자녀들에게 귀속된다."

H.163.

"만약 어떤 사람이 아내를 맞이하였지만 자녀를 출산하지 못하고 그녀가 사망한 경우, 만약 그가 장인에게 지급했던 신부대금을 장인이 반환한다면, 남편은 아내의 지참금에 대하여 아무런 권리를 주장하지 못한다. 이것은 그녀의 아버지에게 귀속한다."

H.164.

"만약 그의 장인이 신부대금을 반환하지 않는다면, 그는 그녀의 지참금에서 이를 공제하고 나머지를 장인에게 반환할 것이다."

H.165.

"만약 어떤 사람이 그가 가장 좋아하는 자녀에게 농경지, 과수원 또는 가옥을 주고 이러한 내용이 포함된 밀봉된 증서를 작성하였다면, 그 후 아버지가 사망한 다음, 그 자녀들은 아버지에게 사랑받았던 자녀에게 아버지의 선물을 지급해야 하고 그는 그 선물을 갖게 될 것이다. 그리고 자녀들은 남겨진 아버지의 재산을 그와 함께 동등하게 분배해야 한다."

H.166.

"만약 어떤 사람이 그의 아들들을 위해 며느리들을 데리고 왔는데, 그의 미성년 아들을 위해서 며느리를 데려오지 못하고 사망하였다면, 자녀들이 재산을 분할할 때, 그들은 아내를 얻지 못한 미성년인 형제에게 그의 상속분 외에 추가로 신부금을 지급해야 하고 그들은 그가 아내를 얻도록 노력해야 한다."

H.167.

"만약 어떤 사람이 아내를 얻었는데, 그 아내가 자녀를 출산한 후 사망하였고, 그리고 그가 두 번째 아내를 맞이하고, 그 아내가 자녀를 출산했는데 그 후 남편이 사망하였다면; 그 자녀들은 그들 어머니들에 따라 재산을 분할할 수 없다. 그들은 오로지 그들 어머니들의 지참금만을 가질 수 있다. 그러나 그들 아버지의 재산은 공평하게 분배될 것이다."

H.168.

"만약 어떤 사람이 그의 자녀의 상속권을 박탈하기 원하여, 법관에게 가서 '나는 나의 자녀의 상속권을 박탈하고 싶습니다'라고 말한다면, 법관은 이러한 원인을 조사할 것이고 만약 그 자녀의 상속권을 박탈할 정당한 이유가 없다면, 그 자녀는 상속으로부터 배제당하지 않을 것이다."

H.169.

"만약 그 자녀가 심각한 잘못을 하였고 이러한 잘못이 그의 아버지로 하여금 상속권을 박탈하게 하는 것을 정당화시켜도 그의 아버지는 첫 번째 잘못을 용서해야 한다. 그러나 만약 그가 두 번째의 심각한 잘못을 하였다면, 그 아버지는 그의 상속권을 박탈할 것이다."

H.170.

"만약 아내가 남편의 자녀를 출산하거나 또는 그의 여종이 주인의 자녀를 출산하였다면, 그리고 아버지가 그의 생전에 그의 여종이 출산한 자녀들에게 '나의 자식들'이라고 말하고 그의 아내가 출산한 자녀들과 함께 그들을 자식으로 간주한다면, 그의 아버지 사후에 그의 아내의 자녀들과 그의 여종의 자녀들은 그 아버지의 재산을 동등하게 상속할 것이다. 그의 아내의 자녀들은 분배하고 선택할 것이다."

H.171.

"만약 아버지가 그의 생전에 여종이 출산한 자녀들을 '나의 자식들'이라고 말하지 않고 사망하였다면, 여종의 자녀들은 본처의 재산을 나누지 못할 것이다. 여종과 그녀의 자녀들은 노예로부터 해방될 것이고 본처의 자녀들은 여종의 자녀들에 대하여 노예임을 주장하지 못할 것이다. 미망인은 그녀의 지참금과 그녀의 남편이 증여했던 선물을 갖고 그녀의 여생동안 남편의 집에서 거주할 것이며, 그러한 재산을 향유할 것이다. 그녀는 이러한 재산을 매각하지 못한다. 그녀가 남긴 것들은 그녀의 자녀들에게 귀속한다."

H.172.

"만약 그녀의 남편이 그녀에게 선물을 주지 않았다면, 그녀는 한 자녀의 상속분만큼을 그 선물에 대한 대가로서 받게 될 것이다. 만약 자녀들이 어머니가 그 집을 떠나도록 압박한다면 법관은 이 문제를 조사해야 하고, 만약 자녀들에게 문제가 있다면 그녀는 남편의 집을 떠나지 않을 것이다. 만약 그녀가 남편의 집을 떠나고자 한다면, 그녀는 남편이 자신에게 증여했던 선물을 그녀의 자녀들에게 인도해야 하지만 지참금은 가지고 갈 수 있다. 그런 다음 그녀는 자신이 맘에 드는 남자와 재혼할 수 있다."

H.173.

"만약 그녀가 재혼했던 곳에서 두 번째 남편과의 사이에 자녀를 출산하고 그 후 사망하였다면, 첫 번째 남편과 두 번째 남편의 자녀들은 그녀의 지참금을 분할한다."

H.174.

"만약 그녀가 두 번째 남편과의 사이에서 자녀를 출산하지 못했다면, 첫 번째 남편의 자녀들에게 지참금이 귀속될 것이다."

H.175.

"만약 궁전의 노예 또는 평민의 노예가 자유인의 딸과 혼인하고 자녀를 출산하였다면, 그 노예의 주인은 자유인 여성의 자녀들을 노예로 삼지 못한다."

H.176.

"만약 궁전의 노예 또는 평민의 노예가 자유인의 딸을 아내로 맞이하였다면, 그리고 그가 그녀와 혼인할 때, 그녀가 자신의 아버지의 집으로부터 가져온 지참금을 갖고서 궁전의 노예의 집 또는 평민의 노예의 집에 들어가고 그때부터 그들이 살림을 시작하고 재산을 취득했다면; 그 후 만약 궁전의 노예 또는 평민의 노예가 사망했다면, 자유인인 그 여성은 그녀의 지참금을 수령할 것이고 그녀와 그녀의 남편이 혼인한 이후 취득했던 모든 것은 공평하게 양분될 것이다; 노예의 주인은 그것의 절반을 갖게 되고 자유인인 그 여성은 그녀의 자녀들을 위하여 나머지 절반을 갖게 될 것이다. 만약 자유인인 그 여성에게 지참금이 없다면, 그녀와 그녀의 남편이 혼인한 이후 취득했던 모든 것은 공평하게 양분될 것이다; 노예의 주인은 그것의 절반을 갖게 되고 자유인인 그 여성은 그녀의 자녀를 위하여 나머지 절반을 갖게 될 것이다."

H.177.

"만약 미성년 자녀가 있는 과부가 재혼하기 원한다면, 그녀는 법관의 동의를 얻어야 한다. 만약 그녀가 재혼을 하면, 법관은 그녀의 첫 번째 남편이 남긴 재산을 조사해야 하고 그 재산은 두 번째 남편과 그녀가 관리를 해야 한다. 또한 이러한 내용이 포함된 증서가 작성되어야 한다. 그들은 약정한 대로 재산을 유지하고 그 자녀들을 양육해야 하지만, 그 재산을 처분할 수는 없다. 그 자녀들의 재산을 매수하는 사람은 누구든지 그의 돈을 잃게 될 것이고 그 재산은 그것의 소유자에게 회복될 것이다."

H.178.

"만약 무녀 또는 어떤 신을 모시는 신녀가 그녀의 아버지로부터 지참금과 이러한 내용이 포함된 증서를 수령하였는데, 그녀의 아버지가 작성한 증서에 그녀는 자신이 좋아하는 어떤 사람에게든 그 재산을 유증할 수 있다는 내용이 들어 있지 않고 명확하게 그 재산의 처분에 대한 완전한 권리가 부여되어 있지 않다면; 만약 그녀의 아버지가 사망한다면, 그녀의 형제들은 그녀의 농경지와 그녀의 과수원을 가져갈 것이고 그들은 그녀에게 상속분에 따라 곡식, 기름 그리고 양털을 지급해야 하고 그녀에게 모자람이 없도록 해야 한다. 만약 그녀의 형제들이 상속분에 따라 그녀에게 곡식, 기름 그리고 양털을 지급하지 않고 그녀를 만족시키지 못한다면, 그녀는 자신이 선택한 임차인에게 자신의 농경지와 과수원을 임대할 수 있으며, 이러한 임차인은 그녀에게 도움을 줄 것이다. 그녀는 농경지와 과수원 그리고 아버지에게 받은 모든 것을 자신이 살아 있는 동안 향유할 수 있을 것이다. 그녀는 어떤 누구에게도 이것들을 매각하거나 인도할 수 없다. 그녀가 상속받은 것은 그녀의 형제들에게 속한다."

H.179.

"만약 무녀 또는 신녀가 그녀의 아버지로부터 지참금과 이러한 내용이 포함된 증서를 수령하였는데, 이러한 증서에 그녀는 자신이 좋아하는 어떤 사람에게든지 그 재산을 유증할 수 있다고 명시되어 있으며 그 재산의 처분에 대한 완전한 권리가 부여되어 있다면; 만약 그녀의 아버지가 사망한다면, 그녀는 자신이 좋아하는 누구에게든지 그 재산을 유증할 수 있다. 그녀의 형제들은 이것에 대하여 어떠한 이의를 제기하지 못한다."

H.180.

"만약 아버지가 혼인 적령기에 있는 그의 딸이나 신녀(혼인이 불가능하다)에게 지참금을 주지 않고 사망하였다면, 그녀는 아버지의 유산으로부터 한 아들의 상속분에 해당하는 재산을 받게 될 것이고 이것을 그녀가 살아 있는 동안 향유할 것이다. 그녀의 사후에 이러한 재산은 그녀의 형제들에게 귀속된다."

H.181.

"만약 아버지가 자신의 딸을 신전의 하녀 또는 동정녀로 신에게 바치고 지참금을 주지 않았다면, 그 아버지의 사후에 그녀는 그녀의 상속분 즉 아들 상속분의 3분의 1을 받을 수 있고 이를 그녀가 살아 있는 동안 향유할 수 있다. 그녀가 사망한 후 이러한 재산은 그녀의 형제들에게 귀속된다."

H.182.

"만약 아버지가 바빌론 마르둑(Marduk)의 신봉자인 그녀의 딸에게 지참금과 지참금에 대한 내용이 포함된 증서를 주지 않았다면, 그 아버지의 사후에 그녀는 그녀의 형제들로부터 한 아들 상속분의 3분의 1을 받을 수 있다. 그러나 그녀는 이러한 재산을 관리할 수 없다. 마르둑의 신봉자는 그녀가 좋아하는 사람에게 그 재산을 유증할 수 있다."

H.183.

"만약 어떤 사람이 그의 딸에게 지참금을 주어 남편을 구하고 지참금에 관한 증서를 주었다면; 그 후 만약 아버지가 사망하면, 그 딸은 그녀 아버지의 재산을 상속받지 못한다."

H.184.

"만약 어떤 사람이 그의 딸에게 지참금을 주지 않고 또한 남편을 구해주지 못한 경우, 그의 아버지가 사망하였다면, 그녀의 남자 형제들은 그녀에게 아버지의 재산에서 지참금을 주고 그녀에게 남편을 구해주어야 한다."

H.185.

"만약 어떤 사람이 그의 가문으로 아이를 데려와 입양하고 자식으로서 양육을 하였다면, 이 성장한 자녀는 돌려보낼 수 없을 것이다."

H.186.

"만약 어떤 사람이 그의 자녀로서 한 아이를 입양하고 그가 그 아이를 데려온 다음, 그 자녀가 그의 양부모에 대하여 위법행위를 하였다면, 그 입양된 자녀는 그의 아버지(친부)의 집으로 돌려보낼 것이다."

H.187.

"궁전에서 업무를 담당하는 궁녀의 자녀나 또는 창녀의 자녀는 그의 아버지의 집으로 돌아가지 못할 것이다."

H.188.

"만약 장인(匠人)이 아이를 입양하고 그에게 자신의 기술을 가르친다면, 어떤 사람도 그를 돌려보내도록 요구할 수 없을 것이다."

H.189.

"만약 그가 양자에게 자신의 기술을 가르치지 않는다면, 입양된 아이는 그의 아버지의 집으로 돌아갈 것이다."

H.190.

"만약 어떤 사람이 그가 자녀로서 입양하고 양육한 자를 자신의 자녀 중의 한 사람과 동일하게 취급하지 않는다면, 그 입양된 자녀는 그의 아버지의 집으로 돌아갈 것이다."

H.191.

"만약 한 아이를 입양·양육하여 그 자신의 가정을 세운 사람이 입양 후 자신의 친생자가 생기고 양자를 내쫓으려고 한다면, 그 양자는 빈손으로 가지 않을 것이며 그의 양부는 그에게 한 자녀의 상속분에 해당하는 금액의 3분의 1을 지급하여야 한다. 양부는 그에게 농경지, 과수원 그리고 가옥을 인도할 수는 없다."

H.192.

"만약 궁녀나 창녀의 자녀가 양부모에게 '당신은 나의 아버지 또는 어머니가 아니다'고 말한다면, 그의 혀는 뽑힐 것이다."

H.193.

"만약 궁녀나 창녀의 자녀가 그의 아버지의 집으로 가기를 원하여 그의 양부모를 유기하고 그의 아버지의 집으로 간다면, 그의 눈은 뽑힐 것이다."

H.194.

"만약 어떤 사람이 수유를 위해 자신의 자녀를 유모에게 맡겼는데, 그 자녀가 유모의 관리 중에 사망하였지만 그 유모가 자녀의 부모에게 알리지 않고 다른 아이를 수유했다면, 그들은 다른 아이를 수유함으로써 사망한 것을 이유로 그녀를 고소할 수 있고 그녀의 가슴은 잘릴 것이다."

H.195.

"만약 자식이 그의 부모를 폭행한다면, 그의 손은 잘려질 것이다."

H.196.

"만약 어떤 사람이 다른 사람의 눈을 멀게 하면, 그의 눈도 멀게 될 것이다."

H.197.

"만약 어떤 사람이 다른 사람의 뼈를 부러뜨린다면, 그의 뼈도 부러질 것이다."

H.198.

"만약 어떤 사람이 평민의 눈을 멀게 하거나 뼈를 부러뜨린다면, 그는 금 1미나를 배상해야 할 것이다."

H.199.

"만약 어떤 사람이 타인 소유 노예의 눈을 멀게 하거나 뼈를 부러뜨린다면, 그는 그 노예 가치의 2분의 1을 지급해야 할 것이다."

H.200.

"만약 어떤 사람이 자신과 사회적 신분이 동일한 사람의 이를 부러뜨린다면, 그의 이는 부러질 것이다."

H.201.

"만약 어떤 사람이 평민의 이를 부러뜨린다면, 그는 금 3분의 1미나를 배상해야 할 것이다."

H.202.

"어떤 사람이 자신보다 높은 지위에 있는 사람을 폭행한 경우, 그는 대중 앞에서 소가죽 채찍으로 60대를 맞게 될 것이다."

H.203.

"만약 자유인이 다른 자유인을 폭행하는 경우, 금 1미나를 배상해야 할 것이다."

H.204.

"만약 평민이 다른 평민을 폭행하는 경우, 10세켈을 배상해야 할 것이다."

H.205.

"만약 자유인의 노예가 다른 자유인을 폭행한다면, 그의 귀는 잘릴 것이다."

H.206.

 "만약 어떤 사람이 싸움 중에 다른 사람을 폭행하고 그에게 상해를 가했다면, 그는 '내가 고의로 그러한 행위를 하지 않았다'고 맹세하고 치료비를 지급해야 할 것이다."

H.207.

 "만약 어떤 사람이 그의 상해로 사망했다면, 그는 위와 같은 맹세를 하고 만약 사망한 자가 자유인이라면 그는 은 2분의 1미나를 배상해야 할 것이다."

H.208.

 "만약 그가 평민이라면, 그는 은 3분의 1미나를 배상해야 할 것이다."

H.209.

 "만약 어떤 사람이 자유인인 여성을 폭행하여 유산을 시켰다면, 그는 태아의 사망에 대하여 은 10세켈을 배상해야 할 것이다."

H.210.

 "만약 그 여성이 사망하였다면, 그의 딸은 사형에 처하게 될 것이다."

H.211.

 "만약 어떤 사람의 폭행에 의해 자유인인 여성의 태아가 사망한다면, 그는 은 5세켈을 배상해야 할 것이다."

H.212.

"만약 그 여성이 사망한다면, 그는 은 2분의 1미나를 배상해야 할 것이다."

H.213.

"만약 어떤 사람이 평민의 여종을 폭행하고 그 결과 유산을 시켰다면, 그는 은 2세켈을 배상해야 할 것이다."

H.214.

"만약 그 여종이 사망한다면, 그는 은 3분의 1미나를 배상해야 할 것이다."

H.215.

"만약 의사가 수술용 칼을 가지고 큰 절개수술을 하고 그를 치료하였거나 그가 수술용 칼을 가지고 눈에 있는 종기를 제거하여 그의 눈을 완치했다면, 그는 은 10세켈의 금전을 받게 될 것이다."

H.216.

"만약 그 환자가 평민이면, 그는 은 5세켈의 금전을 받게 될 것이다."

H.217.

"만약 그 환자가 어떤 자의 노예이면, 그의 소유자는 의사에게 은 2세켈을 지급해야 할 것이다."

H.218.

"만약 의사가 수술용 칼을 가지고 어떤 사람의 심각한 상처를 치료하다가 사망하게 한다면, 또는 그가 눈 주위의 종양을 제거하다가 눈을 실명하게 한다면, 그의 양손을 잘리게 될 것이다."

H.219.

"만약 의사가 수술용 칼을 가지고 평민의 노예의 심각한 상처를 치료하다가 사망하게 한다면, 그는 그 노예와 동등한 가치의 노예를 인도해야 할 것이다."

H.220.

"만약 그가 수술용 칼을 가지고 눈 주위의 종양을 제거하다가 눈을 실명하게 한다면, 그는 그 노예의 가치의 2분의 1을 배상해야 할 것이다."

H.221.

"만약 의사가 골절된 뼈를 치료하거나 병든 장기를 치료한다면, 환자는 은 5세켈을 지급해야 할 것이다."

H.222.

"만약 그가 평민이라면, 그는 은 3세켈을 지급해야 할 것이다."

H.223.

"만약 그가 노예라면, 그의 주인은 의사에게 은 2세켈을 지급해야 할 것이다."

H.224.

"만약 수의사가 당나귀나 황소에 대해 어려운 수술을 시행하고 그것을 치료한 경우, 그 가축의 소유자는 은 6분의 1세켈을 치료비로 지급해야 할 것이다."

H.225.

"만약 수의사가 심각한 상처를 입은 당나귀 또는 황소를 수술하던 중 죽게 한 경우 그 가치의 4분의 1을 배상해야 할 것이다."

H.226. - 다른 해석 존재

"만약 이발사가 노예 소유자의 승낙 없이 매매의 대상이 될 수 없는 노예의 표식을 없앤다면, 그의 양손은 잘리게 될 것이다."

H.227.

"만약 어떤 사람이 이발사를 기망하여 그로 하여금 노예의 표식을 지우게 하였다면 그는 사형에 처해지며, 그 자신의 집에 매장되게 될 것이다. 그러나 이발사는 '자신이 고의로 그러한 행위를 하지 않았다'고 맹세하면 무죄가 될 것이다."

H.228.

"만약 건축가가 어떤 사람을 위해 집을 건축하고 이를 완공하였다면, 그는 각 Sar당 은 2세켈을 지급받게 될 것이다."

H.229.

"만약 건축가가 어떤 사람을 위해 집을 건축하였지만 그것이 견고

하지 못하였다면, 그리고 그가 건축한 집이 붕괴되고 그 소유자가 사망했다면, 건축가는 사형에 처해질 것이다."

H.230.
"만약 그 집 소유자의 아들이 죽는다면, 건축가의 아들도 사형에 처해질 것이다."

H.231.
"만약 그 집의 소유자의 노예가 죽는다면, 그는 다른 노예를 그 집 소유자에게 인도해야 할 것이다."

H.232.
"만약 그 집이 붕괴되어 다른 재산이 파손된다면, 그는 파손된 모든 것을 배상해야 할 것이다. 그리고 이러한 것은 그가 집을 견고하게 건축하지 않았기 때문에 발생한 것이므로, 그는 그 자신의 부담으로 집을 다시 건축해야 할 것이다."

H.233.
"만약 건축가가 다른 사람을 위하여 집을 건축하다가 이를 완성하지 못하였는데, 그 집의 벽이 흔들거린다면, 그 건축가는 그 자신의 비용으로 이를 견고하게 해야 할 것이다."

H.234.
"만약 선박제조자가 다른 사람을 위하여 60Gur의 배를 건조(建造)한다면, 선박주인은 선박제조자에게 보수로서 은 2세켈을 지급해야 한다."

H.235.

"만약 선박제조자가 다른 사람을 위하여 배를 건조하였는데 방수가 되지 않는 경우, 만약 그 해 동안 그 배가 항해를 나가 피해가 발생한다면, 선박제조자는 그 배를 그곳으로부터 가져와서 자신의 비용으로 방수처리를 해야 한다. 그는 방수처리가 된 배를 선주에게 인도해야 할 것이다."

H.236.

"만약 어떤 사람이 그의 배를 선원에게 맡겼는데, 그 선장이 부주의하여 그 배가 난파되고 침몰하였다면, 그 선원은 선주에게 다른 배로 배상해야 할 것이다."

H.237.

"만약 어떤 사람이 선원을 고용하고 그의 배에 곡식, 양털, 기름, 대추야자 또는 그 밖의 화물을 운송시켰는데, 그 선원이 부주의하여 그 배가 난파시키고 화물을 분실하였다면, 배를 난파시키고 화물을 분실한 선원은 배와 자신이 분실한 화물 전부에 대하여 배상해야 할 것이다."

H.238.

"만약 선원이 다른 사람의 배를 파손시켰지만 그것이 다시 물에 뜰 수 있다면, 그는 그것의 가치의 절반을 은으로 배상해야 할 것이다."

H.239.

"만약 어떤 사람이 선원을 고용한다면, 그는 매년 곡식 6Gur를 지급해야 할 것이다."

H.240.

"만약 상선이 정박 중인 나룻배와 충돌하여 나룻배가 침몰하였다면, 침몰한 배의 선주는 신 앞에서 멸실된 것을 맹세하고 상선의 선주는 멸실된 물건과 배에 대한 배상을 해야 할 것이다."

H.241. - 다른 해석 존재

"만약 어떤 사람이 압류 중인 황소를 가져간다면, 그는 은 3분의 1미나를 배상해야 할 것이다."

H.242.

"만약 어떤 사람이 1년 동안 황소를 임차하였다면, 그는 그 소유자에게 차임으로 4Gur의 곡식을 지급해야 할 것이다."

H.243.

"만약 어떤 사람이 소떼의 이동을 위임하였다면, 그 소유자는 보수로 3Gur의 곡식을 지급해야 할 것이다."

H.244.

"만약 어떤 사람이 황소 또는 당나귀를 임차했는데 사자가 들판에서 그것을 죽였다면, 그 손해는 그것의 소유자에게 있다."

H.245.

"만약 어떤 사람이 황소들을 임차하고 그것들을 학대나 구타하여 죽게 한다면, 그는 소유자에게 황소로 배상해야 할 것이다."

H.246.

"만약 황소를 임차한 어떤 사람이 황소의 다리 또는 목의 인대를 끊어놨다면, 그는 그 황소의 주인에게 그곳 시장에서의 황소가격을 배상해야 할 것이다."

H.247.

"만약 어떤 사람이 황소를 임차하고 그 황소의 눈을 멀게 했다면, 그는 황소 가치의 2분의 1을 그 황소의 주인에게 배상해야 할 것이다."

H.248.

"만약 어떤 사람이 황소를 임차하고 그 황소의 뿔 또는 꼬리, 또는 그것의 주둥이를 상하게 하였다면, 그는 그 황소 가치의 4분의 1을 배상해야 할 것이다."

H.249.

"만약 어떤 사람이 황소를 임차하였고 신(神)이 그것을 때려 죽게 하였다면, 임차인은 신에게 맹세할 것이고 그러면 무죄로 여겨질 것이다."

H.250.

"만약 황소가 길을 지나고 있는데, 어떤 사람이 그것을 밀어서 죽게 했다면, 소유자는 임차인에 대하여 어떠한 소송도 제기할 수 없다."

H.251.

"만약 황소가 들이받는 습성이 있고 사람들이 이것을 황소의 소유자에게 알려줬음에도 소유자가 황소의 뿔을 묶거나 가둬두지 않아 황소가 사람을 들이박아 그가 사망한다면, 그 소유자는 2분의 1미나를 금전으로 배상해야 할 것이다."

H.252.

"만약 황소가 어떤 사람의 노예를 죽인다면, 그 황소의 소유자는 은 3분의 1미나를 배상해야 할 것이다."

H.253.

"만약 어떤 사람이 자신의 농경지를 경작하기 위하여 타인에게 씨앗이나 황소를 맡기고 그 농경지를 경작해주기로 약정하였는데, 만약 그가 씨앗이나 곡물을 훔치고 그것이 그의 수중에서 발견되었다면, 그의 양손을 잘리게 될 것이다."

H.254.

"만약 그가 씨앗을 가져가고 또한 황소를 가지고 경작을 하지 않는다면, 그는 씨를 뿌려 수확할 수 있는 곡식의 양만큼을 배상해야 할 것이다."

H.255.

"만약 그가 그 사람의 소를 전대하거나 씨앗을 훔치고 농경지를 경작하지 않는다면, 그는 고소당할 것이고 그는 10Gan당 60Gur의 곡식을 배상해야 할 것이다."

H.256. - 다른 해석 존재
"만약 그가 위와 같은 배상을 하지 못한다면, 그는 경작지에 소와 함께 남겨지게 될 것이다."

H.257.
"만약 어떤 사람이 농사꾼을 고용한다면, 그는 그 해에 8Gur의 곡식을 지급해야 할 것이다."

H.258.
"만약 어떤 사람이 소몰이꾼을 고용한다면, 그는 그 해에 6Gur의 곡식을 지급해야 할 것이다."

H.259.
"만약 어떤 사람이 관개에 사용되는 물레바퀴를 농경지로부터 절취한다면, 그는 그것의 소유자에게 은 5세켈을 배상해야 할 것이다."

H.260.
"만약 어떤 사람이 물레방아의 물받이나 쟁기를 절취한다면, 그는 은 3세켈을 배상해야 할 것이다."

H.261.
"만약 어떤 사람이 소 또는 양에게 꼴을 먹이기 위하여 목동을 고용한다면, 그는 목동에게 1년에 8Gur의 곡식을 지급해야 할 것이다."

H.262.

"만약 어떤 사람이, 소 또는 양 …… [이곳의 비문은 불완전하여 읽을 수 없음]."

H.263.

"만약 목동이 자신에게 맡겨진 소나 양을 잃어버렸다면, 그는 그 소유자에게 분실한 것이 소면 소로, 양이면 양으로 배상해야 할 것이다."

H.264.

"만약 자신에게 맡겨진 소나 양들 돌보는 목동이 약정된 보수에 따라 임금을 지급받았다면, 그리고 그 소나 양의 숫자가 줄거나 또는 출산율이 감소되었다면, 그 목동은 계약서에 기재된 것에 따라 배상해야 할 것이다."

H.265.

"만약 꼴을 먹이기 위하여 자신에게 맡겨진 소나 양을 돌보는 목동이 거짓으로 행동하거나 증가된 개체수를 속이거나 또는 그것들을 매각한다면, 그는 고소당할 것이고 그 소나 양의 소유자에게 훔친 것의 10배를 배상해야 할 것이다."

H.266.

"만약 우리에서 신의 타격(어떠한 사고)이 발생하거나 또는 사자가 그것을 죽인다면, 목동은 신 앞에 그의 무죄를 맹세할 것이고 우리의 주인은 그 손해를 부담해야 할 것이다."

H.267.
"만약 어떠한 것을 간과하여 우리에서 사고가 발생한다면, 목동은 그의 과실로 인하여 발생한 소나 양을 그 주인에게 배상해야 할 것이다."

H.268.
"만약 어떤 사람이 탈곡을 하기 위하여 소를 임차한다면, 차임은 곡식 20KA가 될 것이다."

H.269.
"만약 어떤 사람이 탈곡을 하기 위하여 당나귀를 임차한다면, 차임은 곡식 10KA가 될 것이다."

H.270.
"만약 어떤 사람이 탈곡을 하기 위하여 작은 동물을 임차한다면, 차임은 곡식 1KA가 될 것이다."

H.271.
"만약 어떤 사람이 소, 수레 그리고 소몰이꾼을 임차한다면, 그는 하루에 곡식으로 180KA를 지급해야 할 것이다."

H.272.

"만약 어떤 사람이 오로지 수레만 임차한다면, 그는 하루에 곡식으로 40KA를 지급해야 할 것이다."

H.273.

"만약 어떤 사람이 일일노동자를 고용한다면, 그는 새해부터 다섯 번째 달(4월부터 8월)까지는 매일 6Gerah의 금전을, 여섯 번째 달부터 그 해의 마지막까지는 하루에 5Gerah를 지급해야 한다."

H.274.

"만약 어떤 사람이 숙련공을 고용한다면,
(a) 그는 …… 은 5Gerah를 임금으로 지급해야 할 것이다.
(b) 그는 벽돌공에게 은 5Gerah를 임금으로 지급해야 할 것이다.
(c) 그는 재단사에게 은 5Gerah를 임금으로 지급해야 할 것이다.
(d) 그는 석공에게 은 ……Gerah를 임금으로 지급해야 할 것이다.
(e) 그는 ……에게 은 ……Gerah를 임금으로 지급해야 할 것이다.
(f) 그는 ……에게 은 ……Gerah를 임금으로 지급해야 할 것이다.
(g) 그는 목수에게 은 4Gerah를 임금으로 지급해야 할 것이다.
(h) 그는 ……에게 은 4Gerah를 임금으로 지급해야 할 것이다.
(i) 그는 ……에게 은 ……Gerah를 임금으로 지급해야 할 것이다.
(j) 그는 제조자에게 은 ……Gerah를 임금으로 지급해야 할 것이다."

H.275.

"만약 어떤 사람이 나룻배를 임차한다면, 그것의 차임으로 하루에 은 3Gerah를 지급해야 할 것이다."

H.276.

"만약 어떤 사람이 화물선을 임차한다면, 그는 하루에 은 2와 2분의 1Gerah를 지급해야 할 것이다."

H.277.

"만약 어떤 사람이 60Gur의 선박을 임차한다면, 그는 그것의 차임으로 6분의 1Shekel을 지급해야 할 것이다."

H.278.

"만약 어떤 사람이 남자노예 또는 여자노예를 매수하고 1개월이 지나기 전에 간질 증상이 나타난다면, 그는 매도인에게 그 노예를 반환하고 그가 지불했던 금전을 수령할 것이다."

H.279.

"만약 어떤 사람이 남자노예 또는 여자노예를 매수하고 다른 사람이 위 노예에 대하여 권리를 주장한다면, 매도인은 그 소송에 응해야 한다."

H.280.

"만약 어떤 사람이 외국에서 남자노예 또는 여자노예를 매수하고 자신의 나라로 귀국하였는데, 위 남자노예 또는 여자노예의 전 주인이 이들을 인식한다면, 그리고 그 남자노예 또는 여자노예가 그 나라의 출생이라면, 그는 그 노예를 금전적인 보상 없이 반환해야 할 것이다."

H.281.

"만약 그들이 다른 나라의 출생이라면, 매수인은 신 앞에서(법정에서) 자신이 지급한 금액을 밝힐 것이고, 남자노예 또는 여자노예의 전 주인은 위 금액을 상인에게 지급해야 하고 이들을 반환받을 것이다."

H.282.

"만약 노예가 그의 주인에게 '당신은 나의 주인이 아니다'고 말한다면, 그들은 그 노예에게 유죄판결 내리고 그의 주인은 노예의 귀를 자를 것이다."

3. 맺음말(Epilogue)

지혜로운 왕 Hammurabi가 제정한 공정한 법. 그는 세상에 공정한 법과 경건한 법령을 가르쳤다. 나 Hammurabi는 수호하는 왕이다. 나는 결코 스스로 물러서지 않았다. 나는 Marduk이 내게 하사한 법에 따라 Bel이 나에게 맡긴 검은 머리의 사람들을 소홀히 대하지 않았다. 나는 그들을 위해 평화로운 거주지를 마련해주었다. 나는 험준한 통행로를 개척하였다. 나는 그들에게 비춰주기 위한 빛을 만들었다. Zamama와 Ishtar가 나에게 준 강력한 무기, Ea가 내게 부여하신 강력한 통찰력과 Marduk이 내게 내려주신 지혜를 가지고, 나는 위와 아래(남과 북)의 적들을 전멸시켜왔고, 모든 나라를 정복하였으며, 그 땅에 행복을 가져왔고, 거주민들이 안전하게 거주하도록 했으며 그들의 안식을 방해하는 자들을 용서하지 않았다.

위대한 신들이 나를 불렀고 나는 구원을 가져오는 통치자로서 나의 권위는 정당하고 나의 선한 보호는 나의 도시 전역에까지 미쳤다. 진심으로 나는 Sumer와 Akkad 사람들을 소중히 여기고, 나의 보호 안에서 그들이 평화롭게 쉬도록 하였으며, 나의 지혜를 다해 그들을 숨겨주었다. 나는 강자들이 약한 자들을 상처 입히지 못하게 하고, 과부와 고아들을 안전하게 하기 위하여 E-sal-gi-la에서 그녀의 머리가 높이 들어 올려진 Anu와 Bel의 도시 Babylon에 그 기초가 하늘과 땅처럼 견고한 신전을 세웠다. 나는 이 땅에서 정의를 수호하고 분쟁을 해결하며 상처들을 치료하기 위하여, 정의로운 왕으로서 내가 세운 조각상 앞에 나의 소중한 말들을 비문에 새겨놨다.

도시의 왕들 중에서 가장 뛰어난 왕이 바로 나이다. 나의 말들은 심사숙고되었으며, 나의 지혜는 비교할 수 없다. 하늘과 땅의 위대하신 심판자 Shamash의 명령에 의해 정의가 땅 위로 솟아오를 것이다. 나의 주인이신 Marduk의 명령에 따라 내 기념비의 어떠한 손상도 용납되지 않을 것이다. 내가 사랑한 E-sa-gi-la에서 나의 이름이 영원히 기억되게 할 것이다. 소송 때문에 시달린 사람들을 정의의 왕인 나의 조각상 앞으로 나오게 하라. 그들로 하여금 나의 기념비에 새겨진 비문을 낭독하게 하고 나의 소중한 말들을 이해하도록 하라. 나의 비문이 그의 사건에 빛을 던져주고 그는 그의 권리를 발견하게 될 것이다. 그리고 그의 마음은 기쁨으로 가득 차 다음과 같이 말할 것이다. Hammurabi는 나의 주인이시며, 모든 백성들의 아버지이시다. 그는 Marduk의 말씀을 숭배해왔다. 그는 Marduk 덕분에 위와 아래(남과 북)에서 승리를 쟁취해왔다. 그는 Marduk의 마음을 기쁘게 하여 그의 주인께서는 그의 백성들에게 영원한 행복을 가져다주었고 이 땅에 질서를 부여하였다. 그가 이 비문을 읽게 되었을 때, 나의 주인이신 Marduk과 나의 여신이신 Zarpanit(Marduk의 배우자)의 앞에서 온 마음을 다하여 기도하게 하라. 그리하면 E-sa-gi-la에 들어가는 수호여신들과 수호신들은 정중하게 그의 생각들을 나의 주인이신 Marduk과 나의 여신이신 Zarpanit에게 매일 전할 것이다.

미래를 위하여, 항상 그리고 영원토록, 이 땅에 있는 왕은 내가 비문에 새긴 정의의 말을 따르도록 하라. 내가 제정한 이 땅의 법을 변경하거나 내가 내린 결정을 변경하지 말라. 그리고 나의 비문을 훼손하지 말지니라.[181] 그와 같은 왕이 지혜를 갖고 그의 땅에서 질서

---

181) 불행하게도 이러한 일은 세월이 지나 후대의 정복자에 의해 발생하였다. 그러나 Hammurabi의 바램대로 오늘날 우리는 원본에서 35개 조문을 제외한 나머지를 알 수 있다.

를 유지할 수 있으려면 내가 이 비문에 기록했던 말들을 지키도록 하라. 왜냐하면 이 비문은 그에게 행동의 규칙, 내가 제정했던 그 땅의 법과 내가 내렸던 결정들의 결과를 보여줄 것이기 때문이다. 그는 그의 백성들을 이러한 비문에 따라 다스리며, 법을 집행하고 결정을 내리며, 그 땅에서 악한 자들과 범죄자들을 소탕하고, 그의 백성들에게 번영을 가져다주어야 한다.

정의로운 왕인 Hammurabi, Shamash가 정의로움을 부여해준 이가 바로 나이다. 나의 말은 충분히 심사숙고되었고 나의 업적들 즉 낮은 자들을 높이고 비천한 자들을 자랑스럽게 만들며 오만함을 쫓아내는 것 등은 비할 곳이 없다.

만약 그러한 왕이 내가 나의 비문에 새긴 "나의 법을 훼손하지 말라", "나의 말들을 바꾸지 말라", "나의 비문을 변경하지 말라"는 나의 말에 주의한다면 Shamash가 정의로운 왕인 나에게 했던 것처럼 그의 통치를 연장할 것이며, 그는 정의 안에서 그의 백성들을 통치할 것이다. 만약 그 왕이 비문에 적힌 나의 말에 주의를 기울이지 않거나, 만약 그가 나의 저주를 무시하고 신의 저주뿐만 아니라 내가 제정한 법을 두려워하지 않고 나의 말을 변경하고 나의 비문을 바꾸고 비문에서 나의 이름을 지운 후 그곳에 자신의 이름을 새겨 넣는다면, 그 사람이 왕이든 군주이든 또는 사제이든 평민이든 그가 누구든지 위대하신 신이시오 신들의 아버지이시며 나의 통치를 인정하셨던 Anu께서 그의 왕국에서 영광을 거둬가며, 그의 왕권을 산산조각내고 그의 운명에 저주를 내릴 것이다.

운명을 결정하시는 주인이시고, 그 명령은 영원불변하며, 나의 왕국을 위대하게 하신 Bel께서 통제할 수 없는 반역을 정리하도록 명하였다. 그는 그의 식민지에 파괴의 바람을 불러올 것이며, 그의 운명처럼 그의 왕국은 수년간 신음하고, 생명의 단축, 수년간의 기근, 빛이 없는 어둠, 그리고 그의 눈에 사망의 그림자를 드리울 것이다. 그는 그의 절대적인 명령을 통해 그 도시의 파괴를 명할 것이다. 그리고 이 땅에서 그의 이름과 기억을 사라지게 할 것이다.

Bel의 부인이시며 위대하신 어머니인 Belit, 그녀의 명령은 Ekur (Nippur에 있는 Bel의 신전)에서 강력하며, 나의 바램을 관대하게 경청해주시는 여신이시며, Bel 앞의 심판과 결정의 장소에서 그의 계획을 소용없게 만드신다. 그녀는 왕이신 Bel의 입을 통해 그 땅의 유린과 그의 백성들의 파멸과 그의 생명을 물처럼 쏟아버리게 할 것이다.

운명을 결정하도록 정해진 위대한 통치자인 Ea는 신들의 으뜸이시다. 신들의 지도자인 신 Ea께서는 전지전능하셔서 내 인생의 날들을 연장해주셨으며, 그는 그로부터 지식과 지혜를 빼앗아가고 그를 망각으로 빠뜨릴 것이다. 또한 그들의 자원인 수로를 막을 것이고 그의 땅에서 사람이나 곡식이 성장하지 않도록 할 것이다.

Shamash께서는 위대하신 하늘과 땅의 심판자이시며 모든 생명의 조력자이시고 살아 있는 용기의 주인이시며 그의 왕국의 방패이시다. 그는 그의 법을 따르지 않고 그의 길을 파괴하고, 그의 군대는 진군을 하지 않을 것이다. 그는 그에게 그의 왕국의 기초의 몰락과 그의 땅의 파괴를 점치는 나쁜 예지를 줄 것이다. Shamash의 심판은 지상의 살아 있는 것들 중에서 재빠르게 그를 덮칠 것이며, 그의 영혼을 물이 땅에 떨어지듯 앗아갈 것이다.

하늘의 주인이자 위대하신 아버지이신 Sin은 신들 사이에 그의 초승달빛을 비추신다. 그는 그로부터 왕관과 왕권을 박탈할 것이며, 그에게 무거운 유죄판결과 그로부터 떠나지 않을 큰 죄를 인정할 것이다. 그는 탄식과 눈물 속에서 그의 통치의 세월을 마칠 것이다. 그는 영토의 부담이 늘어갈 것이며, 죽음과도 같은 삶 속에서 괴로워할 것이다.

폭풍의 신이자 풍요의 신, 하늘과 땅의 왕, 나의 조력자이신 Adad께서는 하늘로부터 비를 멎게 하시고, 그들의 샘에서 홍수가 나게 하실 것이다. 기근과 가난으로 그의 땅을 파괴하시며, 그의 도시에 격렬한 분노를 일으키시며 그의 땅을 쓰레기더미로 만드실 것이다.

위대하신 전사이자 Ekur의 장자인 Zamama께서는 나의 오른편에서 진격하시어 전장에서 무기들을 산산이 부셔버리시고 그의 낮을 밤으로 바꾸시며 그의 적에게 승리를 넘겨주실 것이다.

전쟁과 전투의 여신이며 나의 무기들을 자유롭게 해주시고 나의 통치를 기뻐하는 관대하신 수호여신인 Ishtar는 성난 마음과 분노한 마음으로 그의 왕국을 저주할 것이며, 그의 선행을 악행으로 바꾸고 전쟁과 전투의 현장에서 그의 무기를 흩어지게 할 것이다. 그리고 그녀는 그를 향한 무질서와 소동이 일어나게 할 것이며, 그들의 전사들을 때려눕히고 그 땅이 그들의 피를 마시게 할 것이다. 그녀는 전장에서 그의 전사들의 수많은 육신을 내동댕이칠 것이다. 그녀는

그에게 자비로운 삶을 허락하지 않고 그를 적의 수중에 넘겨주어 적
국의 포로가 되게 할 것이다.

신들 가운데 강력한 분이시고 전투에서 물러섬이 없으며 나에게
승리를 가져다주신 Nergal께서는 그의 강력한 힘으로 그의 백성들을
가는 갈대더미처럼 불태워 버리시고, 강력한 무기로 그의 팔다리를
잘라내 버리시며 흙인형처럼 그를 산산이 부숴 버리실 것이다.

Anu의 딸이시고 많은 나라에서 칭송받는 여신이시며 출산의 어머
니인 Nintu께서 그에게 아들을 허락지 않으실 것이며 그에게 이름
을 부여하지 않을 것이며, 이 땅에 어떠한 후손도 그에게 주지 않을
것이다.

Anu의 딸이시고 Ekur에서 자비를 약속하신 Nin-karak께서 그의
가족들에게 극심한 질병과 격렬한 열병, 치료가 불가능한 깊은 상처
들을 만들어내실 것이며, 의사들이 알지 못해 붕대로도 치료할 수
없는 마치 죽음에 물린 것 같은 상태가 스스로 목숨을 끊을 때까지
계속될 것이다. 그가 그의 생명력을 잃게 됨을 애통해할 것이다.

하늘과 땅의 위대하신 신이신 모든 Anunnaki께서 신전의 외곽과
E-barra의 벽들, 그리고 그의 통치, 그의 땅, 그의 전사들, 그의 백성
들, 그리고 그의 군대들 위에 저주와 악을 깃들게 하실 것이다.

Bel께서 그의 입에서 나오는 회복할 수 없는 강력한 저주로 그를
저주할 것인데, 이 저주는 그에게 재빨리 불어닥칠 것이다.

참고문헌

국외문헌

C. H. W. Johns, The Oldest Code of Laws in the World, Edinburgh, 1903.

D. S. Oettli, Das Gesetz Hammurabi und di Thora Israels, Leipzig, 1903.

L. W. King, The Code of Hammurabi, BiblioBazaar, 2007.

R. F. Haper, The Code of Hammurabi, Chicago, 1903.

S. A. Cook, The Laws of Moses and the Code of Hammurabi, London, 1903.

W. W. Davies, The Codes of Hammurabi and Moses, New York, 1905.

국내문헌

한상수 지음, 함무라비 법전:인류 법문화의 원형, 인제대학교 출판부, 2008.

고대법의 기원

함무라비 법전
THE CODE OF HAMMURABI

초판인쇄 2015년 12월 11일
초판발행 2015년 12월 11일

지은이 윤일구
펴낸이 채종준
펴낸곳 한국학술정보㈜
주소 경기도 파주시 회동길 230(문발동)
전화 031) 908-3181(대표)
팩스 031) 908-3189
홈페이지 http://ebook.kstudy.com
전자우편 출판사업부 publish@kstudy.com
등록 제일산-115호(2000. 6. 19)

ISBN 978-89-268-7120-1 93360

이 책은 한국학술정보㈜와 저작자의 지적 재산으로서 무단 전재와 복제를 금합니다.
책에 대한 더 나은 생각, 끊임없는 고민, 독자를 생각하는 마음으로 보다 좋은 책을 만들어갑니다.